MCT标准教程　一级·上

总 策 划：马箭飞　胡志平

总 监 制：宋永波

策　　划：何　薇　胡自远

监　　制：邵亦鹏　李佩泽

总 主 编：骆　琳　李　骢　李亚男

主　　编：骆　琳　牛长伟

副 主 编：李　莹　骆攀玉　陈　滢　白冰冰

参编人员（按音序排列）：

白冰冰　陈　滢　黄　蕾　李佩泽　李群锋　李亚男

李　莹　刘小龙　骆　琳　骆攀玉　牛长伟　王亚男

王之岭　于　艳

CENTER FOR LANGUAGE EDUCATION AND COOPERATION
中外语言交流合作中心

医学中文水平考试系列教材

MCT标准教程

总主编 骆 琳 李 骢 李亚男

主 编 骆 琳 牛长伟
副主编 李 莹 骆攀玉 陈 滢
白冰冰

一级·上

北京语言大学出版社
BEIJING LANGUAGE AND CULTURE UNIVERSITY PRESS

图书在版编目（CIP）数据

MCT 标准教程. 一级. 上 / 骆琳，李骢，李亚男总主编；骆琳，牛长伟主编；李莹等副主编. —北京：北京语言大学出版社，2023.8

ISBN 978-7-5619-6320-3

I. ①M… II. ①骆… ②李… ③李… ④牛… ⑤李… III. ①汉语－对外汉语教学－水平考试－教材 IV. ①H195.4

中国国家版本馆 CIP 数据核字 (2023) 第 150584 号

MCT 标准教程　一级 · 上

MCT BIAOZHUN JIAOCHENG　YI JI · SHANG

版式设计：邱　彬
排版制作：北京青侣文化创意设计有限公司
部分图片供稿：视觉中国　　部分图片绘制：黄　莉
责任印制：周　燚

出版发行：北京语言大学出版社
社　　址：北京市海淀区学院路 15 号，100083
网　　址：www.blcup.com
电子信箱：service@blcup.com
电　　话：编辑部　8610-82303647/3592/3395
　　　　　国内发行　8610-82303650/3591/3648
　　　　　海外发行　8610-82303365/3080/3668
　　　　　北语书店　8610-82303653
　　　　　网购咨询　8610-82303908
印　　刷：北京富资园科技发展有限公司

版　　次：2023 年 8 月第 1 版　　印　　次：2023 年 8 月第 1 次印刷
开　　本：889 毫米 × 1194 毫米　1/16　　印　　张：14.25
字　　数：194 千字
定　　价：89.00 元

PRINTED IN CHINA
凡有印装质量问题，本社负责调换。售后QQ号1367565611，电话010-82303590

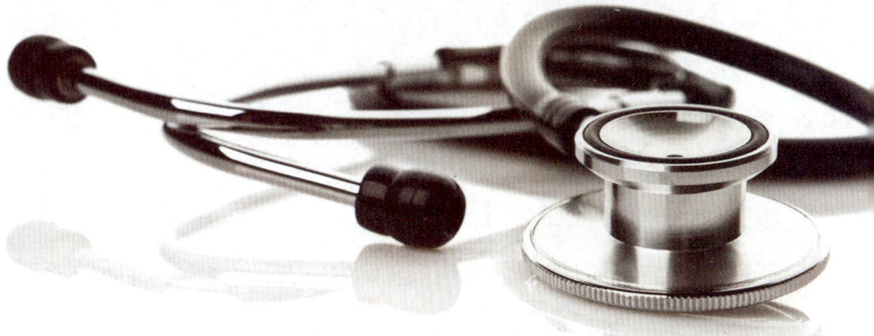

编写说明

近年来，我国医学教育事业快速发展，形成了多层次、多规格的医学教育体系，国际认可度不断提升。医学已经成为来华留学最热门、学生人数最多、规模最大的专业之一。为满足医学专业留学生在专业学习和临床实习过程中运用中文进行交际的需求，切实提升来华留学医学教育质量，教育部中外语言交流合作中心和汉考国际联合国内重点医学院校从事医学中文教学的专家学者和一线教师，共同研发了医学中文水平考试（MCT）。2019 年 12 月，MCT 正式开考。2020 年 11 月，《医学汉语水平考试（MCT）大纲》（以下简称《大纲》）正式出版。2021 年 3 月，《国际中文教育中文水平等级标准》（GF 0025—2021）（以下简称《等级标准》）发布，并于 2021 年 7 月 1 日起正式实施。

为提升国际中文教育和中国职业教育的全球适应性，进一步推动我国医学国际教育事业的发展，满足医学中文的教学需求，完善医学中文资源开发，服务医学中文水平测评，我们在深入贯彻"考教结合""以考促教""以考促学"理念的基础上，结合医学中文一线教学实际，以《大纲》和《等级标准》为依据，编写了这套《MCT 标准教程》（以下简称《教程》）。

一、教材定位

结合《大纲》要求，对标《等级标准》，《教程》主要面向通用中文水平基本达到 HSK 三级的医学专业来华留学生、在海外使用中文进行医学专业学习的学生，以及使用中文进行临床诊疗的中文非第一语言的医护工作人员等，重点培养学习者在医学 / 医疗场景中，与患者、医护人员等用中文进行交际的能力。

二、编写理念

1. 以医学内容为依托，坚持标准化、数字化原则，融通专业性与通用性

《教程》在编写上，依据《大纲》和《等级标准》进行教学目标设定与教学内容选取。教材内容既契合医学中文教学和临床实践的实际情况，切实做到好教、好学、好用；又充分运用现代医学各方面的优质资源和现代教育技术，能够满足线上、线下等不同的教学需求，提升实践性与操作性，增强课堂临床医学实践的代入感。教学内容兼顾医学专业表达与通用中文学习，生词选取兼顾医学词汇和通用词汇（《等级标准》三级以上），配以医学常用表达和通用语法［《等级标准》三级（含部分）以上］，让学习者在学习医学词汇和医学表达的同时，适时补充通用词汇和语法。

2. 以学习者为中心，以任务为导向，综合培养听、说、读、写技能

《教程》以任务型教学理念为指引、以临床实践任务为主线设计编排教学内容，将任务与话题、情境、功能、结构相结合，由易到难设置梯度，分级体现，循环复现，螺旋上升。《教程》注重医学情境下的探究型任务活动设计，遵循交际互动、有趣有益的原则，引导学习者主动参与、积极完成医学情境下的中文交际任务，激发学习者的学习主动性，让其在与教师、同伴的交流合作中自主完成知识体系的建构，并在任务活动中综合进行听、说、读、写各项技能训练，培养学习者的综合技能。

3. 注重医德培养，体现育人育才的教学理念

《教程》将医学科技进步、医德医风培养、传统医学发展、健康知识和中国国情介绍等内容融入其中，帮助学习者拓宽医学视野、提升人文素养，并激发其深入了解中国的兴趣。

4. 突出医学中文特点，契合 MCT 理念，实现“考教结合”

《教程》以《大纲》中的“等级标准”为纲，全方位对接 MCT 考试内容、考试形式及等级要求，制定能力培养目标。《教程》基本上覆盖了《大纲》要求的所有话题、任务和医学专业词汇，将《教程》的“教”与《大纲》的“考”逐级匹配，实现“考教结合”，更好地服务于学习者。

三、教材特色

1. 层层递进，逐级匹配

MCT 共分三个等级，根据医学专业词汇的常用程度分级，其中 MCT 一级要求掌握医学专业词汇量为 400 个左右，MCT 二级为 800 个左右，MCT 三级为 1500 个左右，并分别对三个等级要求达到的医学中文能力进行了总体描述和听、说、读、写分项描述。《教程》难度设计与 MCT 等级相匹配，按照语言难度及能力标准层层递进，逐级编写。

《教程》共分一级、二级、三级三个级别，每个级别分上、下 2 册，共 6 册。每册 10 课，共 60 课。每课建议用 6 ～ 8 课时完成，总教学课时数为 360 ～ 480 课时。学习者学完《教程 · 一级》后可以达到 MCT 一级的水平，学完《教程 · 二级》后可以达到 MCT 二级的水平，依此类推。

2. 题型丰富，以学适考

《教程》每课均设有主题热身、任务学习（准备、示例、活动）、任务操练（实践、练习）、拓展学习和自我评估五个部分，并在学习全程开展听、说、读、写各项技能训练。听力、阅读、写作练习的题型与 MCT 题型一致，练习内容以当课内容为主，目的是让学习者在平时的学习中逐步熟悉并适应 MCT。

3. 科室齐全，图文并茂

《教程》以《大纲》的“等级标准”为经，以常用医学交际场景、典型病例为纬，每个级别的教材内容均覆盖内科、外科、妇科、儿科四个主干临床学科，同时兼顾眼科、耳鼻喉科、口腔科、皮肤科、传染科等科室。不同级别的内容侧重点不同，一级侧重疾病的症状描述与诊断，二级侧重疾病的诊断与治疗，三级侧重对疾病病理机制的探讨。

以下为《教程》各个级别的内容安排：

分册及课号		《教程 · 一级》	《教程 · 二级》	《教程 · 三级》
上册	第一课	呼吸内科	消化内科	呼吸内科
	第二课	呼吸内科	肾内科	肾内科
	第三课	消化内科	呼吸内科	神经内科
	第四课	内分泌科	神经内科	神经外科
	第五课	骨科	肝胆外科	妇科
	第六课	胃肠外科	甲状腺乳腺外科	产科
	第七课	肝胆外科	骨科	新生儿科
	第八课	妇科	心血管外科	儿科
	第九课	口腔科	生殖科	免疫科
	第十课	眼科	口腔科	大病医保

（续表）

分册及课号		《教程·一级》	《教程·二级》	《教程·三级》
下册	第十一课	心脏内科	神经内科	心脏内科
	第十二课	内分泌科	心血管内科	血液科
	第十三课	神经内科	血液科	皮肤性病科 / 传染科
	第十四课	肾内科	神经外科	消化外科
	第十五课	胸外科	普通外科	耳鼻喉科 / 肿瘤科
	第十六课	神经外科	急诊外科	妇科
	第十七课	传染科	甲状腺乳腺外科	产科
	第十八课	产科	产科	新生儿科
	第十九课	儿科	儿科	儿科
	第二十课	耳鼻喉科	眼科	人文关怀

《教程》课文内容主要涉及医院基本情况和就医流程，常见疾病的症状、体征，常规检查和诊疗操作，课文表述注重语言的规范性与专业性。《教程》结合医学中文教学的特点，将疾病的症状描述、诊疗项目介绍等以图片方式呈现，使教学过程更为生动、直观、形象，可以有效激发学习者的学习兴趣，提高学习效率。

在《教程》的策划和出版过程中，编写组多次讨论，反复修改，力求为广大教师提供教学支持，让学习者快速、高效地习得医学中文。《教程》在编写过程中既有医生团队给予专业指导，也有多位医学中文教学专家进行把关；然而作为一套医学教学专用的中文教材，内容需要尽量覆盖医学全场景和临床全流程，内容专业而庞杂，难免有错漏之处，恳请读者批评指正，以便我们进一步修订完善。

编者

2023 年 1 月

目　录

第一课

我嗓子疼得很

主题热身

一、给下列词语选择对应的图片

A

B

C

D

E

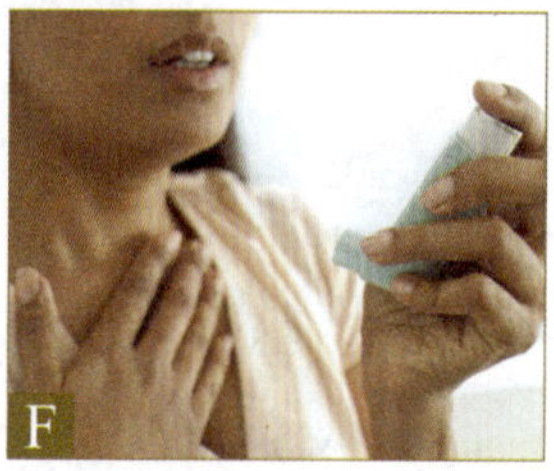
F

1. 哮喘__________　　2. 咳嗽__________　　3. 打喷嚏__________

4. 喘息__________　　5. 过敏__________　　6. 流鼻涕__________

二、听对话，选择正确答案

1. 这段对话最可能发生在什么时候？

   A. 上午　　B. 下午　　C. 晚上

2. 赵乐怎么了？

   A. 牙疼　　B. 肚子疼　　C. 头疼

3. 赵乐去上课了吗？

   A. 去了　　B. 没去　　C. 不知道

扫描二维码，获取听力音频

任务学习

任务一 急性上呼吸道感染病人的问诊

准备

语言点 1 程度补语：形容词或心理动词 + 得 + 很

读一读

读句子，选择与句子意思一致的一项

我嗓子疼得很。

A. 我嗓子有点儿疼

B. 我嗓子很疼

C. 我嗓子不是很疼

学一学

“疼得（de）很”表示“疼”的程度高，其中“很”是程度补语，其前可以是形容词或心理动词，构成“形容词或心理动词 + 得 + 很”结构。与此类似的表程度高的结构还有“形容词或心理动词 + 极了”“形容词或心理动词 + 死了”等。

例句

（1）今天早上没吃饭，我现在饿得很。

（2）这件衣服妹妹喜欢极了。

（3）大家都在准备考试，忙死了。

练一练

将下列句子中的画线部分改为程度补语

（1）爬了一天山，太累了。

____

（2）天黑了，孩子们<u>很害怕</u>。

____

（3）明天一定不要出门，天气<u>非常热</u>。

____

语言点 2　承接复句：先 A，然后 B

读一读

读句子，选择与句子意思一致的一项

你拿着这个检查申请单先去交费，然后去验血。

A. 交费和验血一起做

B. 交完费去验血

C. 验完血去交费

学一学

“先 A，然后 B”是承接复句，表示 A 发生在前，B 发生在 A 之后。“先”可用“首先”替换，构成承接复句“首先 A，然后 B”。“然后”可用“再”替换，构成承接复句“先 A，再 B”。

例句

（1）咱们先吃饭，然后继续开会。

（2）我们首先要学会做人，然后再学会做事。

（3）天气热的时候，我回家都先洗澡，再吃饭。

练一练

用承接复句“先 / 首先 A，然后 / 再 B”和提示词语完成句子

（1）放学后，他总是______________________。（写作业、玩儿）

（2）做好一件事情，______________________。（有目标、努力）

（3）发生火灾后，______________________。（保护、打 119）

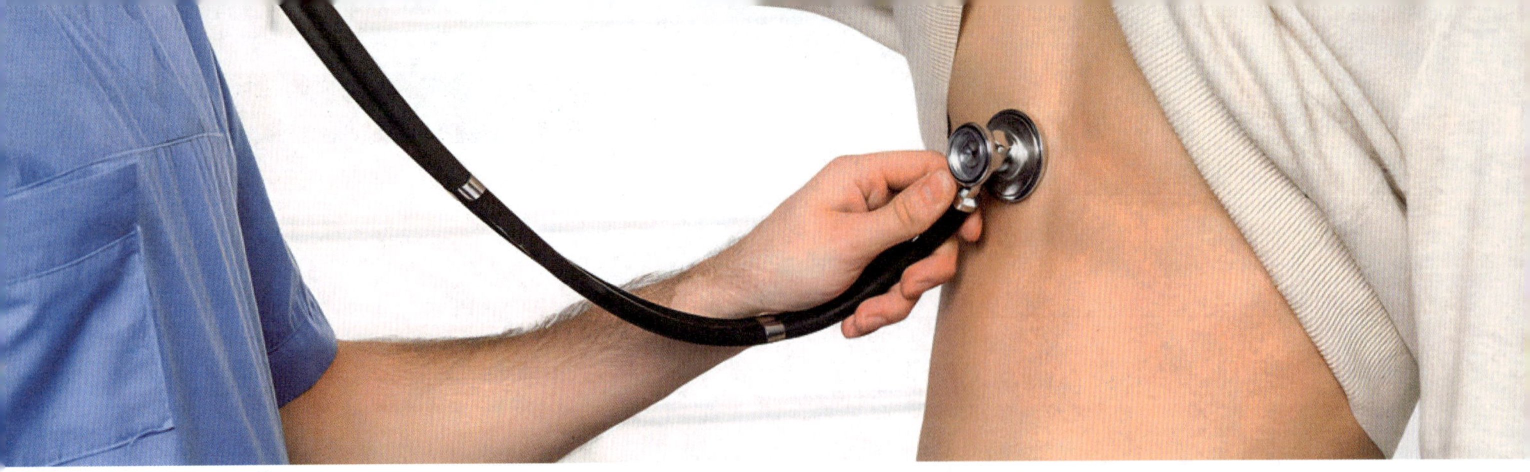

示例

- 科室：呼吸内科（门诊）
- 医生：王明
- 患者：赵乐
- 药剂师：李美

扫描二维码，获取课文和生词音频

王明：你好，请坐。你哪儿不舒服？

赵乐：医生，我嗓子[1]疼得很。

王明：还有别的症状吗？

赵乐：有。我不停地打喷嚏，还一直流鼻涕。

王明：这样有多长时间了？

赵乐：有两三天了。

王明：咳嗽吗？

赵乐：白天还好，半夜总是咳嗽。

王明：咳嗽时有痰吗？

赵乐：没有痰，只是干咳。

王明：有没有感到胸闷或呼吸困难？

赵乐：没有。

生词

1. 嗓子 sǎngzi *n.* throat
2. 症状 zhèngzhuàng *n.* symptom
3. 不停 bù tíng without stop
4. 打喷嚏 dǎ pēntì to sneeze
5. 流鼻涕 liú bítì to have a runny nose
   鼻涕 bítì *n.* nasal mucus
6. 咳嗽 késou *v.* to cough
7. 痰 tán *n.* sputum
8. 干咳 gānké *v.* to have a dry cough
9. 胸闷 xiōngmèn *adj.* chest distressed
10. 呼吸 hūxī *v.* to breathe

王明：张开嘴，我看看[2]。

（赵乐张开嘴。）

王明：嘴巴再张大点儿，啊——。我再给你听听肺[3]。放松，吸气——，呼气——。肺部还好，你先去做个血液常规检查。

赵乐：好的。

王明：你拿着这个检查申请单先去交费，然后去验血。

赵乐：大概多久能出结果？

王明：半个小时左右。

（30 分钟后）

赵乐：医生，这是我的检查结果。

王明：你的血象有点儿高，是急性上呼吸道感染。

赵乐：严重吗？用不用打针？

王明：不用。我给你开点儿药。

赵乐：好的，谢谢医生。

（赵乐在药房取药。）

赵乐：您好，我来取药，这是我的处方笺。

11 嘴巴 zuǐba *n.* mouth
12 肺 fèi *n.* lung
13 放松 fàngsōng *v.* to relax
14 血液常规检查（血常规）xuèyè chángguī jiǎnchá blood routine examination
血液（血） xuèyè *n.* blood
常规 chángguī *n.* routine
15 申请单 shēnqǐngdān *n.* application form
申请 shēnqǐng *v.* to apply (for)
16 交费 jiāofèi *v.* to pay the fees
17 验血 yànxiě *v.* to have a blood test
18 血象 xuèxiàng *n.* hemogram
19 急性上呼吸道感染（上感）jíxìng shànghūxīdào gǎnrǎn *n.* acute upper respiratory infection
急性 jíxìng *adj.* acute
呼吸道 hūxīdào *n.* respiratory tract
感染 gǎnrǎn *v.* to infect
20 严重 yánzhòng *adj.* serious
21 打针 dǎzhēn *v.* to have/give an injection
22 开药 kāi yào to prescribe
23 药房 yàofáng *n.* pharmacy
24 处方笺 chǔfāngjiān *n.* prescription

李美：这是你的药。这是消炎药，一天三次，一次两片。这是止咳药，一天两次，一次10毫升。两种药都是饭后服用。

赵乐：好的，谢谢您。

㉕ 消炎 xiāoyán *v.* to diminish inflammation
㉖ 止咳 zhǐ ké to relieve a cough
㉗ 毫升 háoshēng *m.* milliliter
㉘ 服用 fúyòng *v.* to take (medicine)

Note:
1. 嗓子：患者看病时所说的"嗓子"一般指医学上的"咽喉"（yānhóu，pharynx and larynx）。
2. 张开嘴，我看看：医生对患者进行咽喉检查时常用的表达。
3. 听肺：医患沟通中的"听肺"是指听呼吸时的肺部声音情况。

活动

答一答

（1）赵乐不舒服，他有什么症状？
（2）赵乐做了哪些检查？

说一说

（1）**小组讨论：**急性上呼吸道感染一般有哪些症状？要做哪些检查？讨论后请在下面对应的词语前面画"√"。如果还有别的症状和检查，请写在后面。

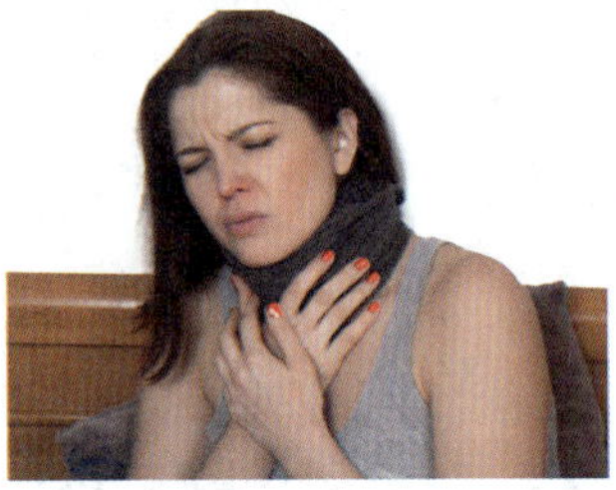

□ 嗓子疼

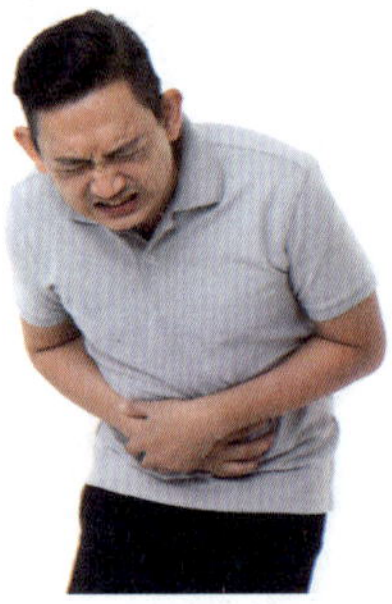

□ 肚子疼

□ 咳嗽

其他症状：________________

☐ 听肺

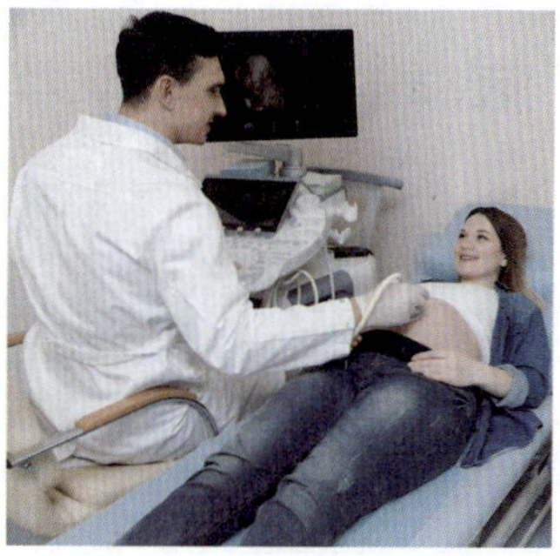

☐ B超检查

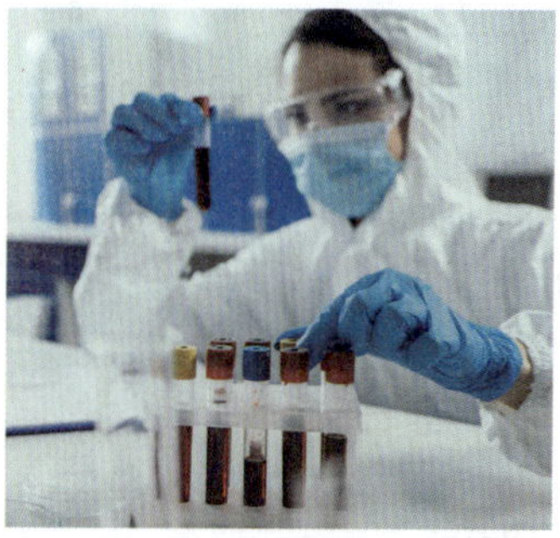

☐ 血液常规检查

其他检查：____

（2）读血液常规检查报告单，说一说报告的结果怎么样。

血液常规检查报告单

姓名：赵乐　性别：男　年龄：20　病人ID：2022118　标本种类：全血
临床诊断：急性上呼吸道感染
开单科室：呼吸内科（门）

代号	检验项目	检验结果	提示	参考范围（scope）	单位（unit）
WBC	白细胞	11.49	↑	4 ～ 10.5	10^9/L
RBC	红细胞	4.44		3.9 ～ 5.3	10^{12}/L
HGB	血红蛋白（hemoglobin）	129		111 ～ 149	g/L
HCT	血细胞比容	38.1		35 ～ 45	%
MCV	平均红细胞体积	85.8		80 ～ 98	fL
MCH	平均血红蛋白含量	29.1		26 ～ 31	pg
MCHC	平均血红蛋白浓度	339		300 ～ 350	g/L
PLT	血小板（blood platelet）	355	↑	100 ～ 320	10^9/L
NEU%	中性粒细胞百分比	65.1	↑	20 ～ 55	%
LYM%	淋巴细胞百分比	27.9	↓	30 ～ 60	%

任务二 哮喘的常见症状及注意事项

准备

语言点 能愿动词“得（děi）”

读一读

读句子，选择与句子意思一致的一项

支气管哮喘患者平时得注意规范治疗。

A. 支气管哮喘患者平时不需要注意规范治疗

B. 支气管哮喘患者平时可能要注意规范治疗

C. 支气管哮喘患者平时需要注意规范治疗

学一学

“得（děi）”是用于口语的能愿动词，表示情理上、事实上或意志上的需要。其否定形式为“不用”“不必”或“用不着（zháo）”。

例句

（1）我们得快点儿跑，不然就迟到了。

（2）这个任务得我们共同去完成。

（3）这件事不用五个人一起做。/ 这件事用不着五个人一起做。

练一练

用能愿动词“得”或其否定形式完成对话

（1）A：我的电脑修好需要多长时间？

B：________________________________。

（2）A：马上就要交作业了，可我还没开始做。

B：________________________________。

（3）A：今天的小组活动得五个人参加吗？

B：________________________________。

示例

扫描二维码，获取课文和生词音频

来中国以后，我认识了一位新朋友。她叫艾莎，来自泰国，和我一样，也是一名医学生。我们是室友，都已经在中国学习一年了。我们平时课很多，只有周末才有时间出去放松一下。我们最喜欢去的地方是东湖，那里空气很好，很适合锻炼。我经常去那儿跑步，艾莎喜欢坐在椅子上看书。她不能做剧烈运动，因为她有支气管哮喘。

刚认识她的时候，我不知道她有哮喘。有一次，我刚把男朋友送给我的鲜花带回宿舍，她就开始打喷嚏，并且感到胸闷。她拿出气雾剂，一边吸一边跑出宿舍。后来，艾莎告诉我，她有支气管哮喘。她的哮喘主要是由过敏引起的，

生词

1. 泰国　Tàiguó　*PN*　Thailand
2. 东湖　Dōng Hú　*PN*　East Lake
3. 锻炼　duànliàn　*v.*　to take exercise
4. 剧烈　jùliè　*adj.*　strenuous, fierce
5. 支气管哮喘　zhīqìguǎn xiàochuǎn　*n.*　bronchial asthma
   支气管　zhīqìguǎn　*n.*　bronchus
   哮喘　xiàochuǎn　*n./v.*　asthma; to be short of breath
6. 鲜花　xiānhuā　*n.*　fresh flower
7. 宿舍　sùshè　*n.*　dormitory
8. 气雾剂　qìwùjì　*n.*　aerosol
9. 过敏　guòmǐn　*v.*　to be allergic
10. 引起　yǐnqǐ　*v.*　to cause

所以她要尽量避免接触过敏原。她主要对花粉和动物毛发过敏，所以我不能把花和小动物带到宿舍。

支气管哮喘不能治愈，只能控制。这种病发作的时候，人会喘息、胸闷、咳嗽。空气中的粉尘、灰尘都会诱发或加重哮喘。因此，支气管哮喘患者平时得注意规范治疗，定期检查，及时调整用药；同时还要避免接触过敏原，定期打扫房间，保持环境卫生；出门最好戴口罩，做好个人防护。

⑪ 尽量 jǐnliàng *adv.* as far as possible
⑫ 避免 bìmiǎn *v.* to avoid
⑬ 接触 jiēchù *v.* to touch, to contact
⑭ 过敏原 guòmǐnyuán *n.* allergen
⑮ 花粉 huāfěn *n.* pollen
⑯ 毛发 máofà *n.* hair
⑰ 治愈 zhìyù to cure
⑱ 控制 kòngzhì *v.* to control
⑲ 发作 fāzuò *v.* to seizure
⑳ 喘息 chuǎnxī *v.* to wheeze
㉑ 粉尘 fěnchén *n.* dust, stive
㉒ 灰尘 huīchén *n.* dust
㉓ 诱发 yòufā *v.* to bring out, to induce
㉔ 加重 jiāzhòng *v.* to aggravate
㉕ 患者 huànzhě *n.* patient
㉖ 得 děi *v.* to have to
㉗ 治疗 zhìliáo *v.* to cure, to treat
㉘ 定期 dìngqī *adj.* regular
㉙ 调整 tiáozhěng *v.* to adjust
㉚ 打扫 dǎsǎo *v.* to sweep, to clean
㉛ 保持 bǎochí *v.* to keep
㉜ 戴 dài *v.* to wear, to put on
㉝ 口罩 kǒuzhào *n.* mask
㉞ 防护 fánghù *v.* to protect

活动

答一答

（1）艾莎为什么不能做剧烈运动？

（2）支气管哮喘患者平时需要注意什么？

说一说

（1）**小组讨论：** 哮喘一般有哪些症状？要做哪些检查？哮喘患者平时要注意什么？

疾病（jíbìng，disease）	常见症状	常用辅助（fǔzhù，auxiliary）检查	注意事项
哮喘			

（2）**小组活动：** 四人一组，每人轮流询问对方是否对以下物质（wùzhì，substance）过敏，并做好记录。

jīdàn
鸡蛋
egg

huāshēng
花生
peanut

chénmǎn
尘螨
mite

hǎixiān
海鲜
seafood

hétao
核桃
walnut

dàdòu
大豆
soybean

niúnǎi
牛奶
milk

xiǎomài
小麦
wheat

jiǔjīng
酒精
alcohol

xiāngshuǐ
香水
perfume

huāfěn
花粉
pollen

kàngshēngsù
抗生素
antibiotic

姓名	过敏原
我	
同学 1	
同学 2	
同学 3	

任务操练

实践

两人一组，根据图片场景，使用下列词语，模拟医生对急性上呼吸道感染病人的问诊，并做好问诊记录。

场景提示：病人因感冒去医院看病，医生询问病人症状，并给病人做检查。

参考词语：嗓子疼　　流鼻涕　　听肺　　血液常规检查

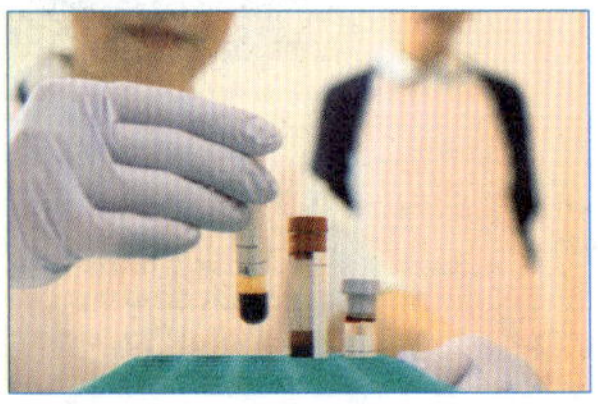

练习

（一）词语搭配

呼吸	过敏原	服用	喷嚏
流	房间	戴	检查
接触	困难	打	口罩
打扫	鼻涕	定期	消炎药

（二）选择正确的词语填空

治愈　避免　接触　症状　锻炼　剧烈　发作　严重

1. 爷爷年纪（niánjì，age）大了，不能做（　　）运动。
2. 那个公园空气很好，人们经常去那儿（　　）。
3. 他两天没有好好休息了，头疼又变（　　）了。
4. 由于花粉过敏，她不能（　　）鲜花。
5. 哮喘（　　）时，他就会出现胸闷、喘息等症状。
6. 这种病现在还不能（　　），只能用药控制。
7. 感冒是一种常见疾病，不过每个人的感冒（　　）并不相同。
8. 冬季是感冒、咳嗽的高发（gāofā，high incidence）季节，大家最好（　　）去人多的地方活动。

（三）组词成句

1. 病　　不用　　这种　　打针　　用

____

2. 过敏　动物毛发　听说　他　对

____

3. 是　哮喘　引起的　她的　由　过敏

____

4. 把　宿舍　不要　带到　小动物　请

____

5. 我们　保持　应该　卫生　环境

____

（四）用指定结构完成对话

1. A：你怎么了？哪儿不舒服吗？

   B：我______________________。（形容词 + 得 + 很）

2. A：医生，我最近总是咳嗽，是不是得了咽炎（yānyán，pharyngitis）？

   B：别着急，______________________。（得 [děi] + 动词）

3. A：您好，我来取药。

   B：对不起，您还没有交费，请您______________________。（先……，然后……）

4. A：你怎么一直打喷嚏呀？

   B：公园里花太多了，______________________。（对……过敏）

5. A：我们晚上一起去跑步吧。

   B：不行，我这两天腿有点儿疼，______________________。（不能……，只能……）

（五）阅读语段，选择与语段意思一致的一项

1. 急性上呼吸道感染，简称“上感”，主要由病毒（bìngdú，virus）引起，少数情况下也可能由细菌引起。一般来说，急性上呼吸道感染的病情较轻，病程较短，患者可以自愈；但是它发病率较高，不仅影响患者的生活和工作，而且还有一定

的传染性，有时甚至伴有并发症，我们一定要积极预防和治疗。

A. 急性上呼吸道感染可以自愈，不需要治疗

B. 急性上呼吸道感染可能伴有并发症

C. 急性上呼吸道感染有很强的传染性

2. 前几天，我跟朋友一起去植物园春游。回来的路上，我突然感到胸闷、呼吸困难，还有一点儿咳嗽。朋友赶紧送我去医院。医生说我很可能是由过敏引起的哮喘，建议我住院检查，但是我工作太忙了，没有时间住院，只输了两天液，现在感觉好一些了。

A. 我不应该去植物园春游

B. 医生希望我住院做进一步检查

C. 我一定是得了哮喘

（六）请根据“任务一”中的示例内容，填写以下问诊信息

姓名：

主诉（zhǔsù，chief complaint）：

现病史（xiànbìngshǐ，history of present illness）：

既往史（jìwǎngshǐ，past history）：

体格（tǐgé，physique）检查：

辅助检查结果：

初步诊断（chūbù zhěnduàn，primary diagnosis）：

治疗意见：

医生签名：

拓展学习

一、词汇

“原”和“源”

“原”可指一种物质，如“过敏原”指引起过敏反应的物质。“源”指来源，如“感染源”指引起感染的来源。两者读音相同，意思相近，极易混淆。常见的医学词汇有：

易混淆语素	医学词汇
原	过敏原、胶原、抗原、纤溶酶原、变应原、病原
源	感染源、肺源性、内源性、外源性

二、阅读

支气管扩张

进入冬季后，随着气候变冷，外加空气质量变差，患肺部疾病和支气管疾病的人就会增多。其中，支气管扩张是典型的支气管疾病之一，主要症状有慢性咳嗽、咳大量脓痰和反复咯血。

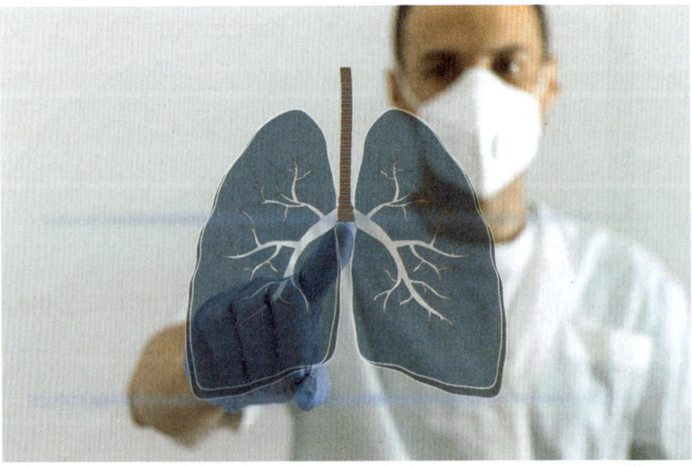

支气管扩张是由于支气管失去了弹性，长时间处于扩张状态。从病理上看，支气管及其周围肺组织的慢性炎症和纤维化，使支气管壁的肌肉和弹性组织被破坏，导致支气管变形和持久扩张。从致病因素上看，支气管扩张一般是由支气管感染、阻塞和牵拉引起的，部分受先天遗传因素影响。患者多有童年麻疹、百日咳或支气管肺炎等病史。

目前，治疗支气管扩张的主要手段有：①清除气道内分泌物，使通气顺畅；②针对不同的病原体进行抗感染治疗；③健康饮食，规律作息，提高自身免疫力；④症状严重且反复感染时，则需要进行手术治疗。

远离支气管扩张，最重要的是做好预防工作。首先，儿童要及时接种麻疹、百日咳疫苗，建立免疫屏障，预防诱发支气管扩张的潜在疾病；其次，大家在平时生活中要注意保暖，减少由感冒引起的支气管疾病的发病率；最后，在呼吸道疾病高发的冬、春季节，大家尽量少接触患病人群，以免被感染引起肺部及支气管炎症，进而诱发支气管扩张。

（一）重要医学词语

1. 支气管扩张	zhīqìguǎn kuòzhāng	*n.*	bronchiectasis
2. 脓痰	nóngtán	*n.*	purulent sputum
3. 咯血	kǎxiě	*v.*	to cough up blood
4. 病理	bìnglǐ	*n.*	pathology
5. 纤维化	xiānwéihuà	*v.*	to get fibrosis
6. 破坏	pòhuài	*v.*	to destroy
7. 阻塞	zǔsè	*v.*	to choke
8. 麻疹	mázhěn	*n.*	measles
9. 百日咳	bǎirìké	*n.*	pertussis

10. 分泌物	fēnmìwù	*n.*	secretion
11. 病原体	bìngyuántǐ	*n.*	pathogen
12. 免疫力	miǎnyìlì	*n.*	immunity

（二）阅读材料，回答问题

1. 支气管扩张一般是由哪三方面因素引起的？

____

____

____

2. 如何预防支气管扩张？请用三句话概括。

____

____

____

自我评估

一、生词知多少

你认识下列词语吗？如果认识，请在词语前的“□”里画“√”；如果不认识，请再复习复习。

□ 症状	□ 流鼻涕	□ 打喷嚏	□ 干咳
□ 痰	□ 胸闷	□ 呼吸	□ 肺
□ 血液常规检查	□ 血象	□ 急性上呼吸道感染	□ 处方笺
□ 开药	□ 药房	□ 消炎	□ 止咳
□ 剧烈	□ 喘息	□ 支气管哮喘	□ 发作
□ 控制	□ 尽量	□ 避免	□ 接触
□ 过敏	□ 患者	□ 治疗	□ 定期
□ 调整			

掌握了 26 ～ 29 个：非常好，为你点赞！

掌握了 22 ～ 25 个：不错，继续努力！

掌握了 21 个及以下：好好复习，下次加油！

二、你知道怎么说吗？

你知道下列医学表达用在什么场景中吗？请选择合适的场景。

1. 张开嘴，我看看。 (　　)
2. 我给你听听肺。 (　　)
3. 做血液常规检查。 (　　)
4. 血象有点儿高。 (　　)
5. 避免接触过敏原。 (　　)
6. 对花粉过敏。 (　　)

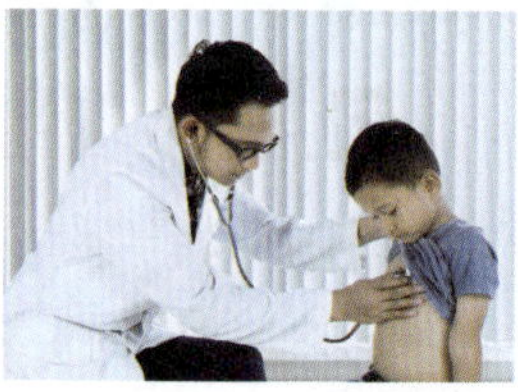
A

B

C

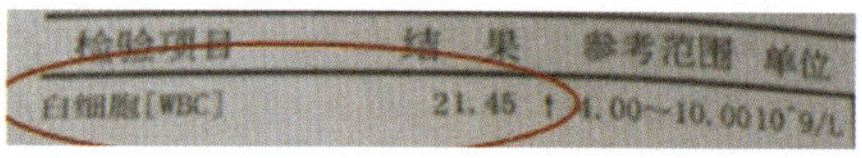

D

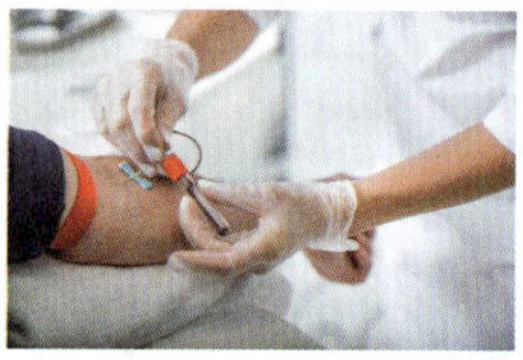
E

F

第二课

病人大量咯血

主题热身

一、给下列词语选择对应的图片

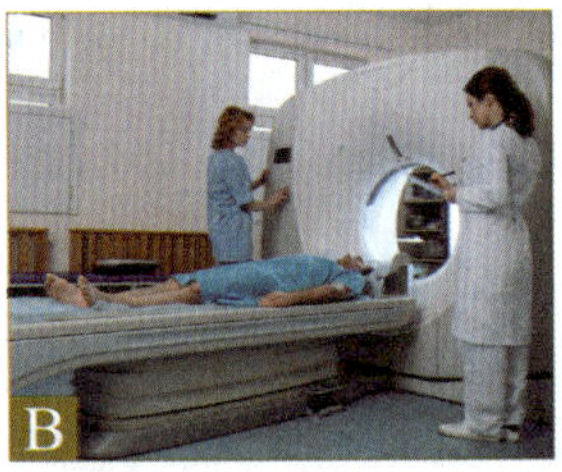

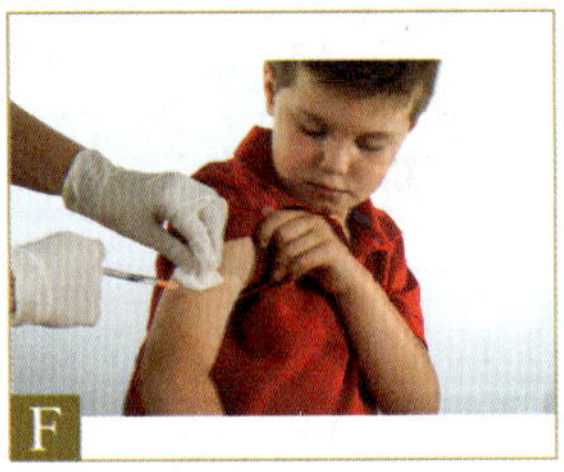

1. CT 检查________ 2. 咯血________ 3. 杵状指________

4. 查房________ 5. 冬季________ 6. 接种疫苗________

二、听对话，选择正确答案

1. 他们俩最有可能是什么关系？

A. 医患　　B. 同事　　C. 师生

2. 男的怎么了？

A. 头疼　　B. 肚子疼　　C. 咳嗽

3. 男的去看医生了吗？

A. 去了　　B. 没去　　C. 不知道

扫描二维码，获取听力音频

任务学习

任务一　支气管扩张病人的查房

准备

语言点 1　分数和百分数的表示法

读一读

读句子，选择与句中画线部分意思一致的一项

在支气管扩张患者中，大概有<u>三分之一</u>的人会出现这种症状。

A. 3/1　　　　B. 1/3　　　　C. 3%

学一学

分数的表示法：分数“1/3”读作“三分之一”，其中“1”是分子，“3”是分母。百分数的表示法：当分数的分母为 100 时，可用百分号“%”表示，读作“百分之”，如“3%”读作“百分之三”。

例句

（1）这瓶饮料被我喝了三分之二（2/3）。

（2）五分之三（3/5）的学生完成了昨天的作业。

（3）大概百分之六十（60%）的人会参加明天的活动。

练一练

用“分数 / 百分数”完成句子

（1）今天作业太多了，我写了一个小时，才完成________________。（1/4）

（2）在这次调查中，________________同意这个计划。（30%）

（3）我们班________________的学生想出国留学。（3/10）

语言点 2　固定格式：除了 A（以外），还 / 也 B

读一读

读句子，选择与句子意思一致的一项

今天我除了打针以外，还要做什么检查吗？

A. 今天我不用打针，要做什么检查吗？

B. 今天我要打针，还要做什么检查吗？

C. 今天我要打针吗？要做什么检查吗？

学一学

当“除了 A（以外），还 B”前后两句主语相同时，该格式表示主语具有 A 的特征是已知的，具有 B 的特征是补充的。此时，主语可以用在“除了”之前，也可以用在“还”之前。当 A 和 B 属性类同时，“还”可替换为“也”，强调类同。

当前后两句主语不一致时，后一句常用“也”，构成“除了主语 $_1$（以外），主语 $_2$ 也 A”，表示主语 $_1$ 具有 A 的特征是已知的，主语 $_2$ 与主语 $_1$ 类同，也具有 A 的特征。

例句

（1）我除了喜欢跑步以外，还 / 也喜欢踢足球。

（2）除了会唱歌以外，她还 / 也会跳舞。

（3）除了你以外，她也买了这本小说。

练一练

1. 用“除了 A（以外），还 / 也 B”完成对话

（1）A：你这周只看了这一本小说吗？

B：________________________________。

（2）A：昨天去超市，你买了哪些东西？

B：________________________________。

（3）A：你会唱中国歌吗？

B：________________。

2. 改正句子

（1）除了老师以外，学生还要参加这场比赛。

____

（2）除了看电影以外，他们也去了操场散步。

____

示例

- 科室：呼吸内科（病房）
- 医生：李冰
- 患者：张大伟
- 实习医生：安迪

扫描二维码，获取
课文和生词音频

（在医生办公室）

安　迪：李医生，这是3床支气管扩张病人的病历。

李　冰：好的，你说一下病人的情况。

安　迪：张大伟，男，40岁，广告公司职员；有反复发作的急性上呼吸道感染病史，入院前一天病人大量[1]咯血。

李　冰：好的，我知道了，我们去查房吧。

（在病房）

安　迪：早上好，张先生。

张大伟：早上好，安迪医生。

安　迪：这是李医生，她是您的主治医生。

张大伟：李医生，您好！

李　冰：今天感觉怎么样？

张大伟：比昨天好点儿了，但还是咳嗽。

李　冰：安迪，你现在给他做个听诊。

安　迪：听不到湿啰音。

李　冰：张先生，您刚刚是不是排过痰？

生词

1. 支气管扩张　zhīqìguǎn kuòzhāng　*n.*　bronchiectasis
   扩张　kuòzhāng　*v.*　to dilate
2. 病历　bìnglì　*n.*　medical record
3. 职员　zhíyuán　*n.*　employee, clerk
4. 反复　fǎnfù　*adv.*　repeatedly
5. 病史　bìngshǐ　*n.*　history of disease
6. 咯血　kǎxiě　*v.*　to cough up blood
7. 查房　cháfáng　*v.*　to make ward rounds
8. 病房　bìngfáng　*n.*　ward (of a hospital)
9. 主治医生　zhǔzhì yīshēng　attending doctor
10. 听诊　tīngzhěn　*v.*　to auscultate
11. 湿啰音　shīluóyīn　*n.*　moist rale
    湿　shī　*adj.*　wet, moist
    啰音　luóyīn　*n.*　rale
12. 排痰　páitán　*v.*　to excrete sputum

张大伟：是的，刚刚吐了很多痰，都是黄绿色的。

李　冰：排痰后，湿啰音有可能暂时消失。安迪，你过一会儿再给他听听。现在，你看看他的手指。

安　迪：他的手指头看起来不太正常，又粗又大。

李　冰：这是典型的杵状[2]指。在支气管扩张患者中，大概有三分之一的人会出现这种症状。这主要是体内长期缺氧导致的。

安　迪：我明白了。

张大伟：李医生，今天我除了打针以外，还要做什么检查吗？

李　冰：您还要做一个胸部 CT 检查。

张大伟：好的，谢谢医生。

13 吐 tǔ *v.* to spit

14 暂时 zànshí *adj.* temporary

15 消失 xiāoshī *v.* to disappear

16 手指 shǒuzhǐ *n.* finger

17 粗 cū *adj.* thick

18 典型 diǎnxíng *adj.* typical

19 杵状指 chǔzhuàngzhǐ *n.* clubbed finger

20 缺氧 quēyǎng *v.* to lack oxygen

21 导致 dǎozhì *v.* to cause, to lead to

22 胸部 xiōngbù *n.* chest

Note:

1. 大量：在日常使用时，“大量”往往对应“少量”，如“大量图书”“少量图书”；在医学上，“大量”常对应“小量”，如“大量咯血（massive hemoptysis）”对应“小量咯血（mild hemoptysis）”。
2. 状：“状”指形状。“杵状”是指形状像杵（pestle）。

活动

答一答

（1）张大伟为什么住院？

（2）什么是“杵状指”？

说一说

小组讨论： 支气管扩张一般有哪些症状？要做哪些检查？讨论后请在下面对应的词语前面画“√”。如果还有别的症状和检查，请写在后面。

□ 咳痰

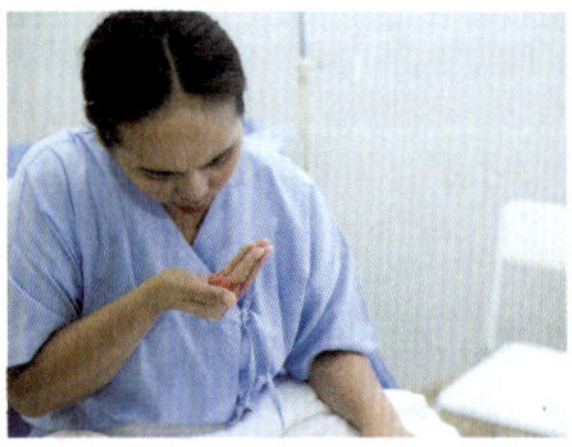

□ 咯血

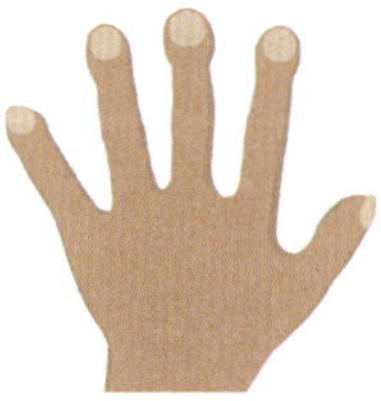

□ 杵状指

其他症状：____

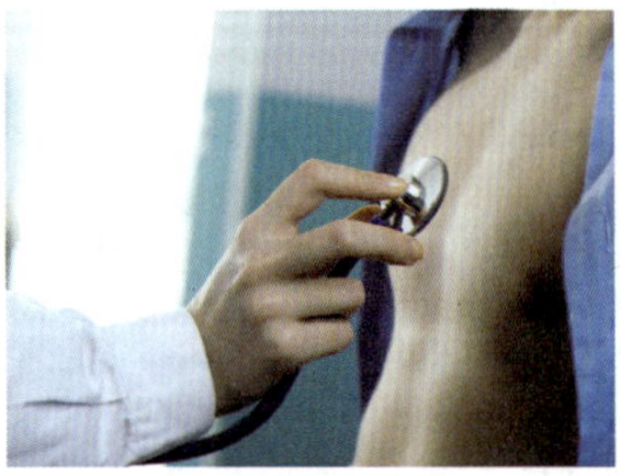

□ 听诊

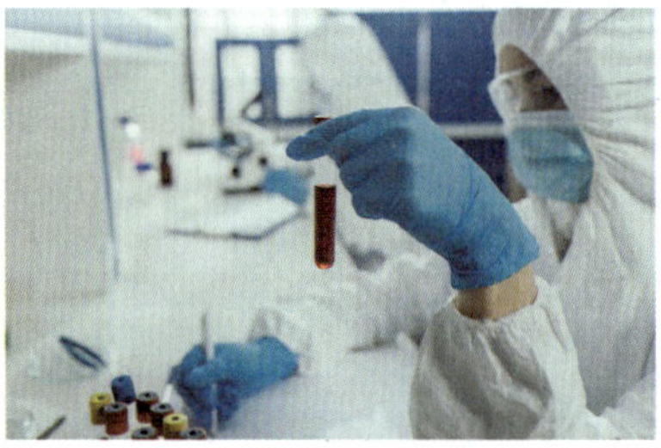

□ 血液常规检查

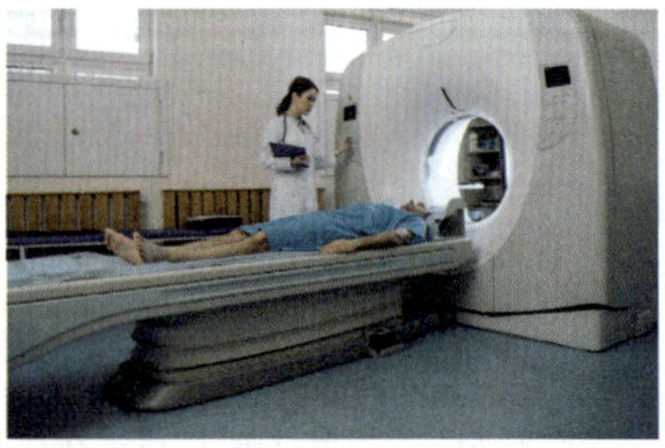

□ 胸部 CT 检查

其他检查：____

读一读

读 CT 检查报告单，判断正误

CT 检查诊断报告

病人 ID：920192946　　检查日期：××-××-××

姓名：张大伟　　性别：男　　年龄：40　　检查号：CT210927093

科别：呼吸内科　　病区：6　　床号：3　　住院号：4567748

临床诊断：咳嗽待查　　送检医师：李冰

检查部位：胸部

检查所见：两肺纹理增多，紊乱；两肺上叶、右肺中叶及左肺下叶部分支气管呈柱状、囊状扩张，部分囊壁增厚；两肺内见多发小片状密度增高影，边缘模糊；肺门及纵隔未见肿大淋巴结；心影大小形态未见异常；胸腔未见积液。

意　　见：两肺支气管扩张，伴两肺炎症。

（1）患者做了胸部 CT 检查。　　（　　）

（2）患者两肺上叶、左肺中叶及右肺下叶支气管扩张。　　（　　）

（3）患者胸腔未见积液。　　（　　）

任务二 疾病介绍：慢性支气管炎

准备

语言点 承接复句：首先 A，其次 B，最后 C

读一读

读句子，排列顺序

A. 最后，保持良好的生活习惯

B. 首先，注意保暖，预防感冒，及时接种流感疫苗和肺炎疫苗

C. 其次，避免环境刺激，远离过敏原

学一学

“首先 A，其次 B，最后 C”连成的语句为承接复句，表示按照一定的顺序列举三个事项。若事项仅为两个，则可以使用“首先 A，其次 B”。

例句

（1）学习汉语，首先要有信心，其次要有正确的方法，最后要坚持。

（2）工作上想要进步，首先应该有积极的工作态度，其次还要不断学习。

练一练

用承接复句“首先 A，其次 B，最后 C”完成对话

（1）A：作为留学生，怎样才能尽快适应在中国的生活？

B：________________________________。

（2）A：秋冬季节如何预防感冒？

B：________________________________。

（3）A：怎样才能在网上买到让自己满意的东西？

B：________________________________。

示例

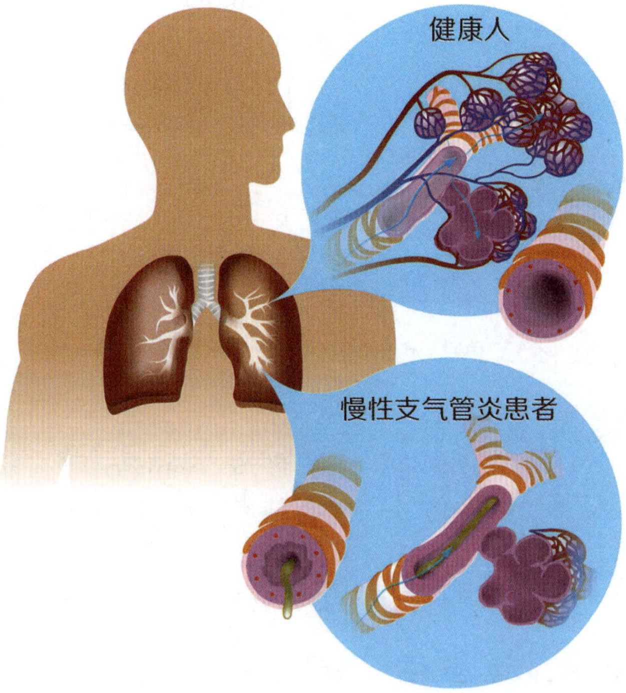

扫描二维码，获取课文和生词音频

慢性支气管炎简称“慢支”，是气管、支气管黏膜及其周围组织的慢性非特异性炎症，是一种常见的呼吸道疾病。慢支的主要症状有咳嗽、咳痰、喘息等。如果患者每年发病持续三个月或更长时间，连续两年或两年以上具有这些症状，并排除具有咳嗽、咳痰、喘息等症状的其他疾病，就可诊断为慢支。

慢性支气管炎常发生于[1]寒冷的季节或气候突然变化时，特别是冬季。每到冬季，前往医院就诊的慢支患者就会明显增多。调查显示，中老年人、

生词

1. 简称 jiǎnchēng *v.* to be called for short
2. 气管 qìguǎn *n.* trachea
3. 黏膜 niánmó *n.* mucosa
4. 及其 jí qí and (its/their/his/her)
5. 组织 zǔzhī *n.* tissue
6. 慢性 mànxìng *adj.* chronic
7. 非特异性炎症 fēitèyìxìng yánzhèng nonspecific inflammation
   炎症 yánzhèng *n.* inflammation
8. 疾病 jíbìng *n.* disease
9. 发病 fābìng *v.* (of a disease) to attack
10. 持续 chíxù *v.* to last
11. 连续 liánxù *v.* to be consecutive, to continue
12. 排除 páichú *v.* to exclude
13. 诊断 zhěnduàn *v.* to diagnose
14. 寒冷 hánlěng *adj.* cold, frigid
15. 季节 jìjié *n.* season
16. 冬季 dōngjì *n.* winter
17. 就诊 jiùzhěn *v.* to see a doctor
18. 明显 míngxiǎn *adj.* obvious
19. 增多 zēngduō *v.* to increase
20. 显示 xiǎnshì *v.* to show

长期抽烟的人、工作压力大的人和长期接触粉尘的人更容易患慢性支气管炎。这些人群一定要重视预防慢支。

那我们可以怎样预防慢性支气管炎呢？首先，注意保暖，预防感冒，及时接种流感疫苗和肺炎疫苗。其次，避免环境刺激，远离过敏原。室内多开窗，保持空气流通；尽量避免去人多的地方，如商场、饭店等。最后，保持良好的生活习惯。清淡饮食，均衡营养，适当运动，提高身体抵抗力。当然，保持积极乐观的生活态度也很重要。

21 抽烟 chōuyān *v.* to smoke
22 患 huàn *v.* to suffer from
23 预防 yùfáng *v.* to prevent
24 保暖 bǎonuǎn *v.* to keep warm
25 接种 jiēzhòng *v.* to inoculate
26 流感 liúgǎn *n.* flu, influenza
27 疫苗 yìmiáo *n.* vaccine
28 肺炎 fèiyán *n.* pneumonia
29 刺激 cìjī *v.* to stimulate, to excite
30 远离 yuǎnlí *v.* to keep away from
31 流通 liútōng *v.* to circulate
32 良好 liánghǎo *adj.* good, fine
33 清淡 qīngdàn *adj.* bland, light
34 饮食 yǐnshí *n.* diet
35 均衡 jūnhéng *adj.* balanced
36 营养 yíngyǎng *n.* nutrition
37 适当 shìdàng *adj.* proper
38 抵抗力 dǐkànglì *n.* resistance
39 乐观 lèguān *adj.* optimistic

Note:

1. “于”和“在”：“于”常用在书面语中，“在”常用在口语中。

活动

答一答

（1）什么人群更容易患慢性支气管炎？

（2）预防慢性支气管炎，可以接种什么疫苗？

说一说

小组活动： 四人一组，每人轮流以医生的身份向大家介绍预防慢性支气管炎的方法，其他三人做好记录。

最近天气越来越冷了，前往医院就诊的慢性支气管炎患者明显增多，我们应该怎样预防慢性支气管炎呢？首先，……；其次，……；最后，……。

任务操练

实践

两人一组，根据图片场景，使用下列词语，模拟医生对慢性支气管炎病人的问诊，并做好问诊记录。

场景提示： 病人因咳嗽前往医院就诊，医生询问病人症状，并给病人做检查。

参考词语： 咳痰　　喘息　　听肺　　胸部 CT 检查　　血液常规检查

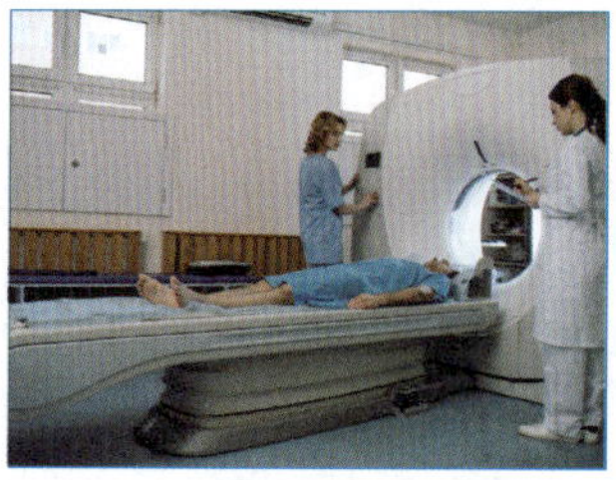

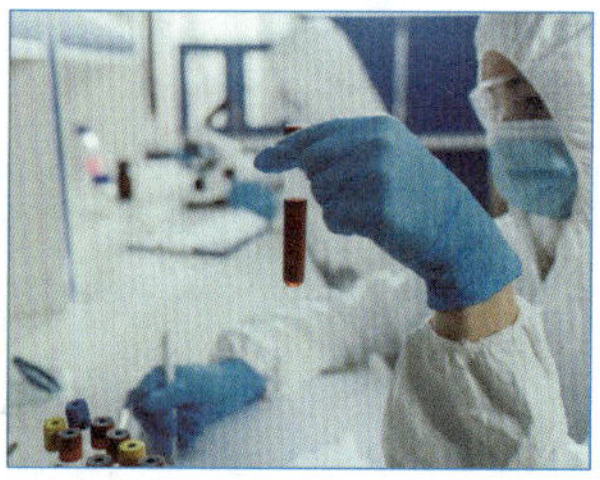

练习

（一）词语搭配

排	疾病
慢性	疫苗
长期	痰
接种	缺氧

清淡	抵抗力
预防	发作
反复	饮食
提高	感冒

（二）选择正确的词语填空

暂时　简称　导致　营养　就诊　排除　刺激　增多

1. 冬季一到，来医院（　　）的人明显多了不少。
2. 如果治疗不及时，就会（　　）患者病情加重。
3. 您的病还没有完全好，（　　）不能停药。
4. 你得的是慢支，可以（　　）其他疾病了。
5. 急性上呼吸道感染（　　）“上感”。
6. 调查发现，患这种疾病的年轻患者每年都在（　　）。
7. 因为受到寒冷空气的（　　），他的过敏性鼻炎（bíyán，rhinitis）又发作了。
8. 青少年特别要注意（　　）均衡，以保证健康成长。

（三）组词成句

1. 容易　这种　反复　病　发作

____

2. 远离　　支气管炎　　应该　　患者　　过敏原

____

3. 提高　　适当　　可以　　运动　　身体抵抗力

____

4. 诊断　　肺炎　　医生　　得了　　他

____

5. 良好的　　每个人　　保持　　都要　　生活习惯

____

（四）用指定词语或结构完成对话

1. A：医生，您看我的病是好了吗？

   B：根据 CT 复查（fùchá，reexamine）结果，________________。（90%）

2. A：张护士，我出院后有什么需要注意的吗？

   B：__________________________。[除了……（以外），还……]

3. A：刘护士，2 床的病人今天怎么样？

   B：_________________________，早饭吃得比昨天多多了。（看起来……）

4. A：怎样才能说一口流利的汉语？

   B：____。

   （首先……，其次……，最后……）

5. A：听说支气管扩张患者往往有杵状指。

   B：______________________________________。（三分之一）

（五）阅读语段，选择与语段意思一致的一项

1. 支气管扩张患者应保持健康的生活习惯，比如：冬天注意保暖，出门戴好口罩，预防呼吸道感染；不抽烟，保持室内空气清新，避免吸入有害或刺激性气体；多做康复（kāngfù，rehabilitation）性锻炼；等等。当出现痰液增多或颜色改变，甚至咯血、剧烈咳嗽等症状时，应及时前往医院进行治疗。

   A. 支气管扩张患者应保持健康的心态

   B. 出门戴口罩可以避免吸入有害气体

   C. 支气管扩张患者症状加重时应该尽快去医院

2. 胸部 CT 检查是一个非常重要的检查项目。为了保证检查的顺利进行和检查结果的准确性，患者在检查之前最好做好相关准备，比如拿掉身上佩戴的金属物品。在检查时，患者要积极配合医生，避免心理紧张。如有特殊情况，一定要提前告诉医生。

   A. 拿掉身上佩戴的金属物品是为了更顺利地做检查

   B. 不提前做好准备就不能做 CT 检查

   C. 如有特殊情况，可以在检查做完后告诉医生

（六）请根据“任务一”中的示例内容，填写以下查房信息

姓名：

科室：

李冰医生的查房记录：

拓展学习

一、词汇

“型”和“性”

“型”指类型（lèixíng，type），如“典型”指标准的、具有代表性的类型。“性”指性质，如“慢性”指发作缓慢或时间拖得长的（病）。两者读音相近，极易混淆。常见的医学词汇有：

易混淆语素	医学词汇
型	B 型超声、乙型脑炎、血型（blood group）、分型、体型（body type）
性	急性、阳性、阴性、依赖性、原发性、多发性、过敏性、流行性、先天性

二、阅读

空气污染与呼吸系统疾病

空气污染严重威胁着公众的健康，尤其是呼吸系统的健康。据悉，由空气污染引发的慢性呼吸系统疾病已成为影响人类健康的主要因素之一。其中，慢性阻塞性肺疾病和肺癌分别成为排名第三和第四的致死疾病。

研究显示，工业、交通、家用生物质燃烧是当前空气污染物的主要排放源。其中，室外空气污染物主要来自自然现象、工业活动和交通运输活动等，室内空气污染物主要来自二手烟、装修材料和家具散发的甲醛、天然气中的氮氧化物等。室内外空气污染都会提高公众患哮喘、慢性阻塞性肺疾病和肺癌的概率，并增加哮喘和慢性阻塞性肺疾病患者的急性发作率和住院率。尤其值得注意的是，妇女和儿童接触室内空气污染物的机会更多，我们应该对这些高危人群进行有针对性的干预。

目前，减少空气污染对人类呼吸系统的影响仍是以预防为主。在个人防护方面，戴口罩是减少自身暴露于空气污染中的最简单的方法。部分口罩（如 N95 口罩）还可以有效过滤室外空气中的细颗粒物，降低其对人类呼吸系统的不良影响。在饮食方面，含丰富抗氧化物的食物（如绿叶蔬菜和水果）可通过其抗氧化应激作用减轻空气污染对人体的危害。每天摄入一定量的新鲜蔬菜、水果或抗氧化药物（如维生素 C 和维生素 E 等）有助于提高人体的抵抗力。

（一）重要医学词语

1. 慢性阻塞性肺疾病	mànxìng zǔsèxìng fèijíbìng	*n.*	chronic obstructive pulmonary disease
2. 现象	xiànxiàng	*n.*	phenomenon
3. 干预	gānyù	*v.*	to intervene
4. 应激	yìngjī	*v.*	to get stressed
5. 危害	wēihài	*n.*	harm
6. 维生素	wéishēngsù	*n.*	vitamin

（二）阅读材料，回答问题

1. 空气污染会对人类呼吸系统产生哪些不良的影响？

____

____

____

2. 如何预防空气污染给人类呼吸系统带来的不良影响？

____

____

____

自我评估

一、生词知多少

你认识下列词语吗？如果认识，请在词语前的“□”里画“√”；如果不认识，请再复习复习。

□ 支气管扩张	□ 病历	□ 病史	□ 咯血	□ 查房
□ 病房	□ 听诊	□ 啰音	□ 排痰	□ 气管
□ 手指	□ 典型	□ 杵状指	□ 缺氧	□ 导致
□ 胸部	□ 黏膜	□ 组织	□ 慢性	□ 诊断
□ 排除	□ 就诊	□ 预防	□ 疫苗	□ 接种
□ 流感	□ 肺炎	□ 乐观	□ 刺激	□ 良好
□ 清淡	□ 饮食	□ 营养	□ 适当	□ 发病
□ 持续	□ 显示	□ 患		

掌握了 34 ～ 38 个：非常好，为你点赞！

掌握了 28 ～ 33 个：不错，继续努力！

掌握了 27 个及以下：好好复习，下次加油！

二、你知道怎么说吗？

你知道下列医学表达用在什么场景中吗？请选择合适的场景。

1. 我们去查房吧。　　（　　）
2. 做个听诊。　　（　　）
3. 做一个胸部 CT 检查。　　（　　）
4. 请及时接种流感疫苗。　　（　　）
5. 保持室内空气流通。　　（　　）

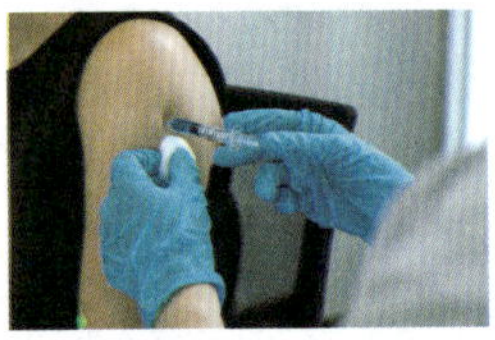
A

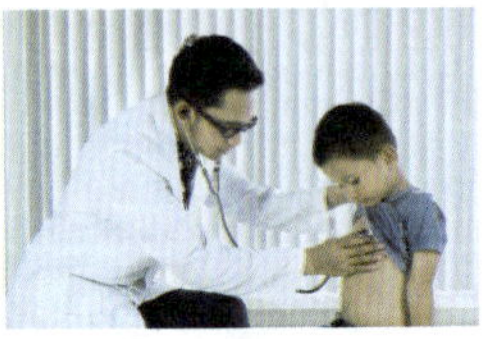
B

C

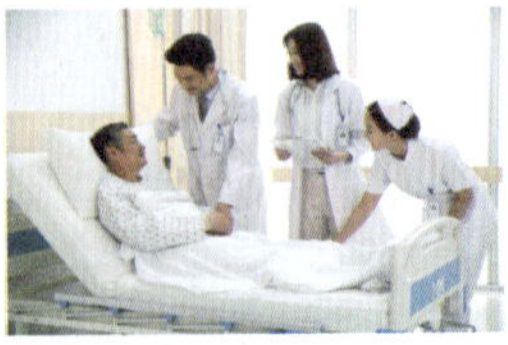
D

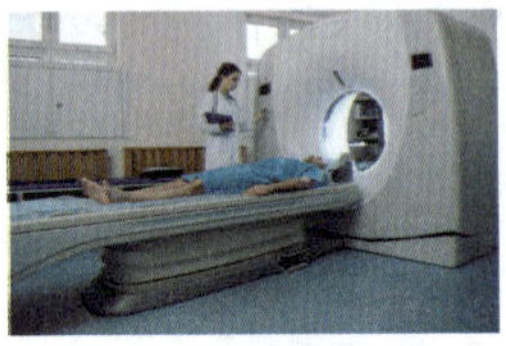
E

第三课

他的十二指肠上有溃疡

主题热身

一、给下列词语选择对应的图片

A

B

C

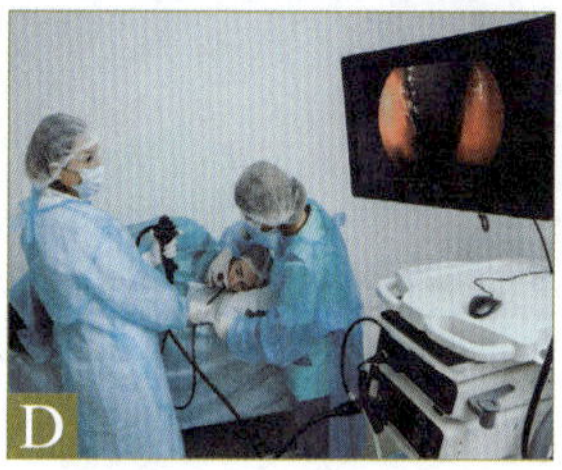
D

E

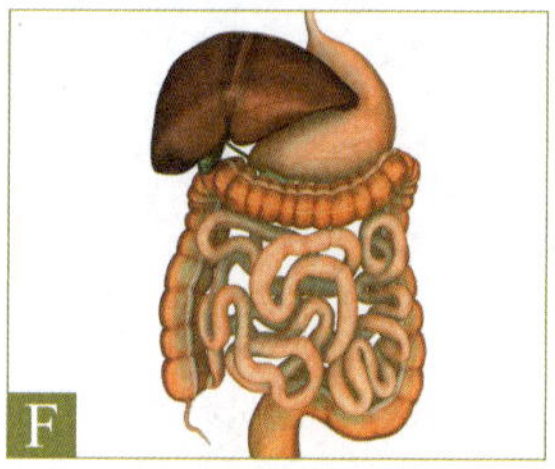
F

1. 辛辣__________　　2. 消化道__________　　3. 胃镜检查__________

4. 恶心__________　　5. 啤酒__________　　6. 火锅__________

二、听对话，选择正确答案

1. 这段对话最有可能发生在哪里？

   A. 公司　　B. 饭馆　　C. 电影院

2. 他们点了什么喝的？

   A. 咖啡　　B. 红酒　　C. 啤酒

3. 他们俩是什么关系？

   A. 同学　　B. 同事　　C. 夫妻

扫描二维码，获取听力音频

任务学习

任务一　腹泻病人的问诊

准备

语言点　固定格式：一……也 / 都 + 不 / 没……

读一读

读句子，选择与句子意思一致的一项

现在一点儿力气都没有。

A. 现在没有力气

B. 现在还有一点儿力气

C. 现在大家都没有力气

学一学

固定格式“一……也 / 都 + 不 / 没……”表示完全否定。“一”后一般跟“点儿 / 量词（+ 名词）”，表示最小量。该格式通过否定最小量达到完全否定的效果。

例句

（1）他今天一口饭也 / 都没吃。

（2）这里的人我一个也 / 都不认识。

（3）北京我一次也 / 都没去过。

练一练

用“一……也 / 都 + 不 / 没……”和提示词语完成句子

（1）他刚来中国的时候，________________。（一句中文）

（2）马上就听写了，________________。（一个生词）

（3）他的房间真乱，这个月________________。（一次卫生）

示例

- 科室：消化内科（门诊）
- 医生：肖阳
- 患者：林涛

扫描二维码，获取课文和生词音频

肖阳：请坐，你怎么了？

林涛：大夫，我肚子疼，拉肚子。

肖阳：从什么时候开始的？拉了几次？

林涛：从昨晚开始的，已经拉了五六次了，现在一点儿力气都没有。

肖阳：大便是什么样的？

林涛：很稀，还带点儿水。

肖阳：大便带血吗？

林涛：不带血。

肖阳：有没有恶心或呕吐？

林涛：昨晚吃完饭没多久就觉得恶心，还吐了两次。

肖阳：你昨晚都吃了些什么？

林涛：我吃了麻辣烤鱼、麻婆豆腐和宫保鸡丁，还喝了几瓶冰啤酒。对了，昨天吃的鱼感觉不太新鲜。

肖阳：以前得过肠胃疾病吗？

生词

1. 肚子　dùzi　*n.*　abdomen, belly
2. 力气　lìqi　*n.*　strength
3. 大便　dàbiàn　*n.*　stool, shit
4. 稀　xī　*adj.*　watery, thin
5. 恶心　ěxin　*v.*　to feel sick
6. 呕吐（吐）　ǒutù　*v.*　to vomit
7. 麻辣烤鱼　málà kǎoyú　spicy grilled fish
   麻辣　málà　*adj.*　peppery and spicy
8. 麻婆豆腐　Mápó dòufu　Mapo tofu
9. 宫保鸡丁　gōngbǎo jīdīng　Kung Pao chicken
10. 冰　bīng　*n.*　ice
11. 新鲜　xīnxiān　*adj.*　fresh
12. 肠胃　chángwèi　*n.*　intestines and stomach

林涛：没有。大夫，对不起，我又要拉肚子了。

肖阳：那正好，你去做个大便常规检查，再去验个血。

林涛：好的。

（1 小时后）

林涛：大夫，这是我的检查结果。

肖阳：你的大便里有白细胞，血常规也显示白细胞有点儿高，腹泻[1]应该是饮食不当引起的。

林涛：那我需要打针吗？

肖阳：不需要，我给你开点儿蒙脱石散和益生菌。在饮食上[2]，你要多注意，这两天吃流质食物，不要吃辛辣生冷的。

林涛：好的，谢谢医生。

13 大便常规检查（便常规） dàbiàn chángguī jiǎnchá routine stool examination

14 白细胞 báixìbāo *n.* leukocyte
细胞 xìbāo *n.* cell

15 腹泻 fùxiè *v.* to have a diarrhea

16 不当 búdàng *adj.* improper

17 蒙脱石散 méngtuōshísǎn *n.* montmorillonite powder

18 益生菌 yìshēngjūn *n.* probiotic

19 流质 liúzhì *adj./n.* fluid, liquid

20 食物 shíwù *n.* food

21 辛辣 xīnlà *adj.* pungent, hot

22 生冷 shēnglěng *n.* raw or cold (food)

Note:

1. “腹泻”和“拉肚子”：在口语中，我们习惯用“拉肚子”表示医学上的“腹泻”。
2. 在……上：固定格式，表示在某一方面。

活动

答一答

（1）林涛为什么去看医生？

（2）林涛做了哪些检查？

说一说

小组讨论：引起腹泻的原因有哪些？腹泻的常见症状有哪些？讨论后请在下面对应的词语前面画“√”。如果还有别的原因和症状，请写在后面。

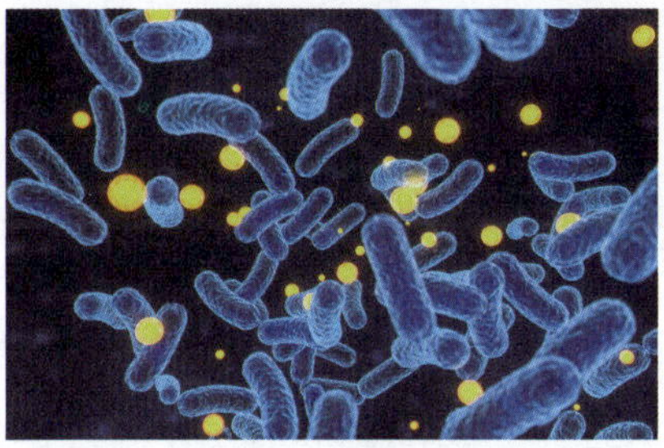

□ 细菌（xìjūn，bacterium）感染

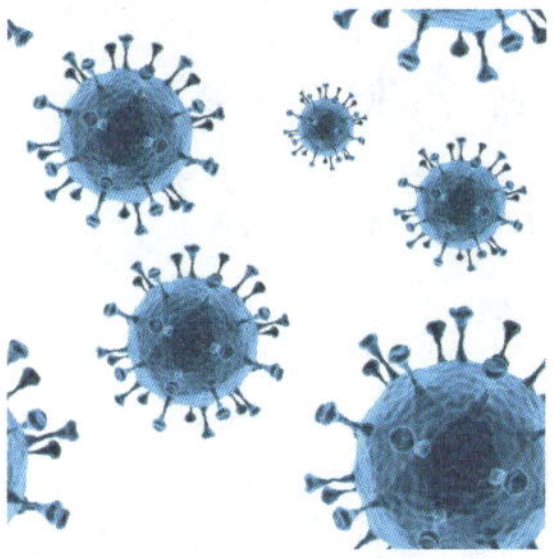

□ 病毒感染

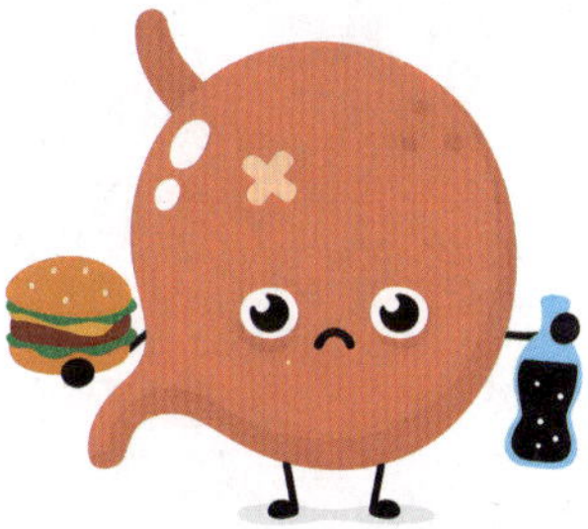

□ 饮食不当

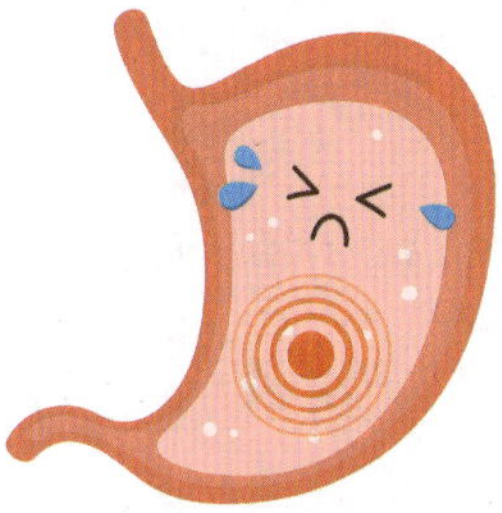

□ 胃动力不足（bùzú，not enough）

其他原因：____

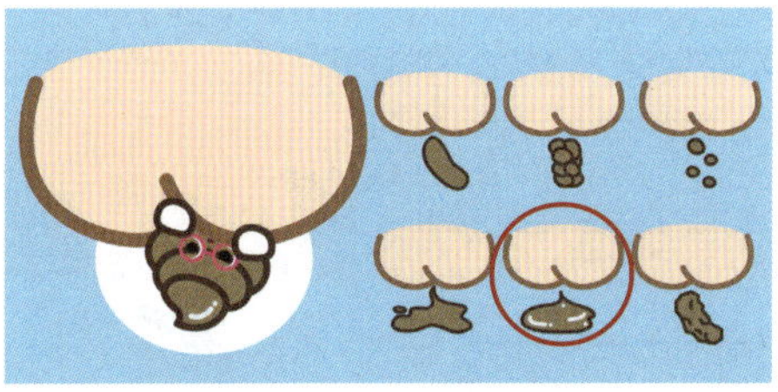

□ 大便稀薄

□ 腹痛

□ 呕吐

其他症状：____

任务二 疾病介绍：消化性溃疡

准备

语言点 1 语气副词：反而

读一读

读句子，选择与句子意思一致的一项

特别是吃饭前，吃饭后反而感觉好点儿。

A. 吃饭前感觉很好

B. 吃饭前感觉一般

C. 吃饭前感觉不好

学一学

语气副词“反而”表示所述内容跟上文提到的情况相反或出乎意料，在句子中表示转折。

例句

（1）努力复习一段时间后，他的成绩反而下降了。

（2）吃药后，他的肚子反而更疼了。

（3）天气变暖后，他的支气管炎反而加重了。

练一练

用语气副词“反而”完成句子

（1）清淡饮食一段时间后，他______________________________。

（2）如果这样做的话，简单的问题______________________________。

（3）学汉语要慢慢来，太着急______________________________。

语言点 2　介词：根据

读一读

读句子，选择与句中画线部分意思一致的一项

根据溃疡发生的部位，消化性溃疡可以分为食管溃疡、胃溃疡、十二指肠溃疡、胃空肠吻合口溃疡等。

A. 按溃疡发生的部位

B. 在溃疡发生的部位上

C. 由溃疡发生的部位

学一学

介词“根据”用来引出依据，表示以某种事物为前提或基础做出判断或得出结论。“根据”后一般加名词性成分，所构成的介宾短语常用在主语之前，与主语用逗号隔开；若用在主语之后，则其后不加逗号。

例句

（1）根据大家的建议，明天我们去颐和园参观。

（2）根据最新的安排，这次会议将推迟举行。

（3）老师会根据大家的需要调整上课的内容。

练一练

用介词“根据”完成句子

（1）________________________，明天有雨。

（2）________________________，1 米 2 以下的儿童免票。

（3）我会________________________安排明天的聚会。

示例

扫描二维码，获取课文和生词音频

马龙在一家大公司工作，每天早出晚归，还经常出差。工作忙的时候，他常常不能按时吃饭，有时候还会忘记吃饭。

最近一段时间，他肚子总是隐隐地痛，特别是吃饭前，吃饭后反而感觉好点儿。昨天是他朋友的生日，他们一起去吃了火锅，还喝了很多酒。回家后，马龙就开始恶心、反酸，还吐了几次。

第二天马龙去了医院，医生给他做了胃镜检查和幽门螺杆菌检测。胃镜检查结果显示，他的十二指肠上有溃疡。医生诊断他得了消化性溃疡，给他开了抑制胃酸过度分泌的药，让他回去按时

生词

1. 早出晚归 zǎochū-wǎnguī to go out early and come back late
   归 guī to return, to go back
2. 出差 chūchāi *v.* to make a business trip
3. 按时 ànshí *adv.* on time
4. 隐隐 yǐnyǐn *adj.* faint
5. 反而 fǎn'ér *adv.* on the contrary
6. 火锅 huǒguō *n.* hot pot
7. 反酸 fǎnsuān *v.* to have acid regurgitation
8. 胃镜 wèijìng *n.* gastroscope
9. 幽门螺杆菌 yōuménluógǎnjūn *n.* Helicobacter pylori
10. 检测 jiǎncè *v.* to test
11. 十二指肠 shí'èrzhǐcháng *n.* duodenum
12. 消化性溃疡 xiāohuàxìng kuìyáng peptic ulcer
    溃疡 kuìyáng *v.* to ulcerate
13. 抑制 yìzhì *v.* to restrain
14. 胃酸 wèisuān *n.* gastric acid
15. 过度 guòdù *adj.* excessive
16. 分泌 fēnmì *v.* to secrete

吃药，注意饮食，好好休息。

消化性溃疡是一种常见的消化道疾病，主要由幽门螺杆菌感染引起。饮食不当、好吃[1]辛辣生冷食物、卫生习惯不好的人更容易感染幽门螺杆菌。

消化性溃疡的主要症状是上腹部疼痛，有的患者进食后疼痛加重，有的患者饥饿时（餐前或夜间）疼痛加重。除此[2]以外，有些患者还会伴有腹胀、嗳气、厌食、反酸、恶心、呕吐、体重减轻等其他症状。根据溃疡发生的部位，消化性溃疡可以分为食管溃疡、胃溃疡、十二指肠溃疡、胃空肠吻合口溃疡等。

17 消化道 xiāohuàdào *n.* digestive tract
18 好 hào *v.* to be fond of
19 腹部 fùbù *n.* abdomen
20 疼痛 téngtòng *adj.* painful
21 进食 jìnshí *v.* to eat
22 饥饿 jī'è *adj.* hungry
23 夜间 yèjiān *n.* night
24 此 cǐ *pron.* this, here, now
25 伴有 bànyǒu *v.* to be accompanied by
26 腹胀 fùzhàng *n.* abdominal distension
27 嗳气 àiqì *v.* to belch
28 厌食 yànshí *v.* to be off one's feed
29 体重 tǐzhòng *n.* weight
30 减轻 jiǎnqīng *v.* to lighten
31 根据 gēnjù *prep.* on the basis of
32 部位 bùwèi *n.* position, place
33 分为 fēnwéi to divide into
34 食管 shíguǎn *n.* esophagus
35 胃空肠吻合口溃疡 wèikōngcháng wěnhékǒu kuìyáng gastrojejunostomy ulcer

Note:

1. "好（hào）吃"和"好（hǎo）吃"："好（hào）吃"是动词短语，指爱吃、喜欢吃某种食物；"好（hǎo）吃"是形容词，形容食物美味可口。
2. "此"和"这"："此"常用于书面语，"这"在口语中更常见。

活动

答一答

（1）马龙做了什么检查？

（2）消化性溃疡分为哪几种？

说一说

小组讨论： 以下哪些食物是十二指肠溃疡患者应该尽量少吃或不吃的？讨论后请在下面对应的词语前面画“√”。如果还有别的食物，请写在后面。

□ 坚果

□ 西蓝花

□ 咖啡

□ 火锅

□ 面条儿

□ 洋葱

其他食物：______________________________

读一读

读胃镜检查报告单，判断正误

电子胃镜报告单

检查号：20211768　　　　仪器型号：OLYMPUS CV-290

姓名：马龙　　性别：男　　年龄：32　　送检科室：消化内科（门）

检查图像：

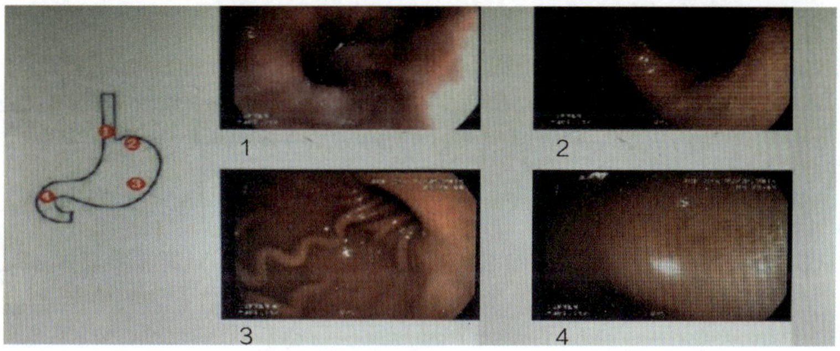

内镜所见：食管：管腔通畅，黏膜光滑，色泽正常，蠕动良好。

贲门：黏膜色泽正常，开放与关闭良好。

胃底：黏膜色泽正常。

胃体：黏膜光滑，色泽正常，蠕动良好，黏液湖清澈，液体量中等。

胃角、胃窦：黏膜红黄相间，蠕动良好。

幽门：形态正常，收缩舒张良好。

十二指肠：球部黏膜轻度充血，水肿，于十二指肠可见一处溃疡，周边黏膜可见再生红晕；球后黏膜光滑，色泽正常。

镜下诊断：1. 慢性非萎缩性胃炎

2. 十二指肠球部溃疡

（1）患者做了肠镜检查。（　　）

（2）患者的幽门形态正常。（　　）

（3）患者十二指肠球部溃疡。（　　）

任务操练

实践

两人一组，根据图片场景，使用下列词语，模拟医生对腹泻病人的问诊，并做好问诊记录。

场景提示：病人因拉肚子前往医院就诊，医生询问病人症状，并给病人做检查。

参考词语：肚子疼　拉肚子　呕吐　大便常规检查　血液常规检查

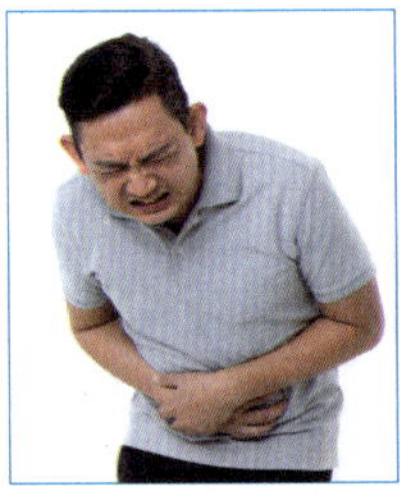
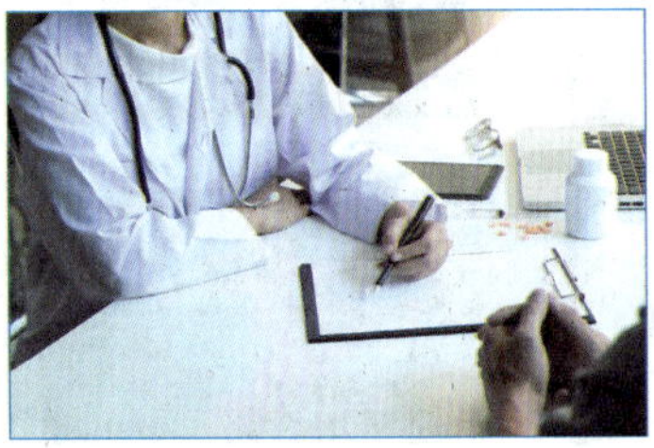

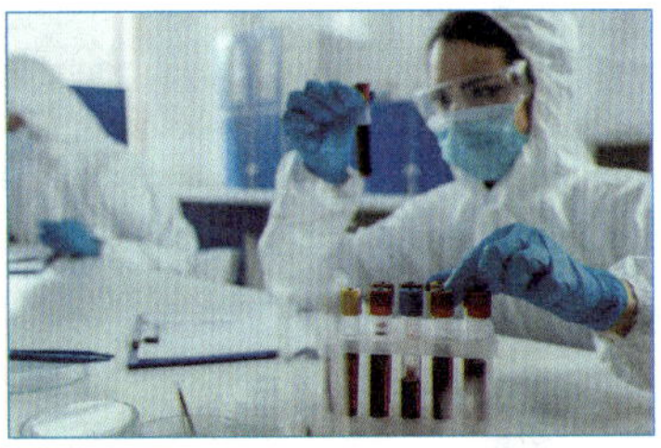

练习

（一）词语搭配

喝	分泌
过度	啤酒
饮食	感染
引起	不当

流质	进食
体重	减轻
按时	溃疡
食管	食物

（二）选择正确的词语填空

显示　厌食　按时　新鲜　诊断　抑制　饥饿　减轻

1. 医生告诉他一定要（　　）吃药，好好休息。
2. 经过两个月的锻炼，他的体重已经（　　）了7公斤。
3. 听到这个坏消息后，他（　　）不住自己内心的痛苦（tòngkǔ，pain），哭了出来。
4. 如果为了减肥（jiǎnféi，lose weight）而长期控制进食，那可能会导致（　　）。
5. 问诊、听诊、触诊（chùzhěn，palpate）和辅助检查都是常见的（　　）方法。
6. 胸部CT检查结果（　　），患者的肺部已经出现了严重的感染。
7. 如果你半夜经常感到（　　），那就要注意了，这有可能是疾病导致的。
8. 公园里的空气很（　　），所以很多人喜欢去那儿锻炼身体。

（三）组词成句

1. 得过　他　肠胃　以前　疾病

____

2. 不当　可能　引起　腹泻　饮食

____

3. 辛辣　最近　生冷的　不要　吃

____

4. 他　做了　检查　去医院　胃镜

____

5. 这种药　过度　可以　胃酸　抑制　分泌

____

（四）用指定词语或结构完成对话

1. A：你好，你怎么了？

   B：医生，我这两天没胃口（wèikǒu，appetite），________________。（一……也 / 都 + 不 / 没……）

2. A：你们科室新来的小刘工作怎么样？

   B：她在工作能力上不是最强的，但________________。（在……上）

3. A：感冒药已经吃了两天了，你感觉好点儿了吗？

   B：没有，________________。（反而）

4. A：医生，我妈妈的病好点儿了吗？

   B：________________，她下周就可以出院了。（根据）

5. A：医生，孩子的哮喘可以治好吗？

   B：支气管哮喘不能治愈，只能控制。平时不要让孩子接触过敏原，出门也做好个人防护；________________。（除此以外）

（五）阅读语段，选择与语段意思一致的一项

1. 腹泻是一种常见的消化道疾病，俗称“拉肚子”。在发病早期，患者通常会有轻微腹痛的症状。在很多人看来，拉肚子不是什么大病，吃点儿止泻药就好了。其实，引起腹泻的病因（bìngyīn，cause of disease）是多种多样的。如果没有得到有效的治疗，那很可能会延误病情。如果腹泻不止，患者应该及时去医院就诊，医生会根据引起腹泻的具体病因进行对症治疗。

   A. 腹泻病人吃点儿止泻药就好了
   B. 拉肚子是一种常见病，但其病因并不简单
   C. 腹泻病人可以吃药后再去医院治疗

2. 消化性溃疡患者在生活上作息要规律，不可过度疲劳，还要注意保暖，根据天气变化及时增减衣物；在饮食上，尽量不吃或少吃辛辣食物，少喝浓茶、咖啡等

刺激性饮品，以避免胃黏膜受到损害，胃酸分泌过多；除此以外，在服用药物时，还应尽量避免使用对胃黏膜有刺激作用的药物，以免加重病情。

A. 天气变化会引起消化性溃疡

B. 消化性溃疡患者必须禁止吃辛辣食物

C. 有些药物可能会加重消化性溃疡

（六）请根据“任务一”中的示例内容，填写以下问诊信息

姓名：

主诉：

现病史：

既往史：

体格检查：

辅助检查结果：

初步诊断：

治疗意见：

医生签名：

拓展学习

一、词汇

“质”和“状”

“质”指物质的性状，如“流质”指状态为液体的物质。“状”指物质的形状，如“杵状”指形状像杵的物质。常见的医学词汇有：

易混淆语素	医学词汇
质	流质、白质、灰质
状	杵状指、冠状、海绵状、轮状、纹状、舟状、板状腹（tabulate venter）

二、阅读

幽门螺杆菌的发现

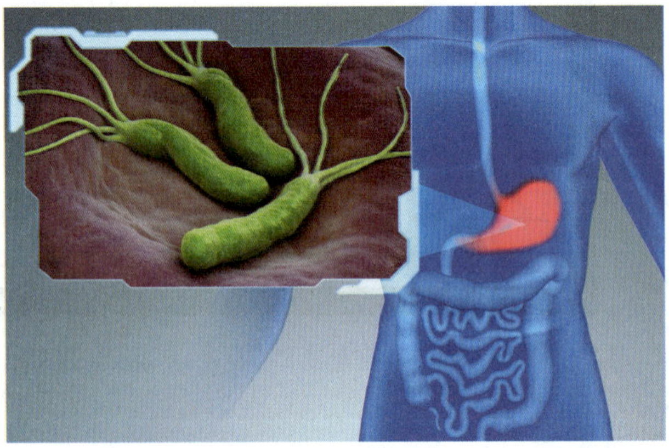

2005 年，罗宾·沃伦（Robin Warren）和巴里·马歇尔（Barry Marshall）因揭示幽门螺杆菌与胃炎的关系而被授予诺贝尔生理学或医学奖。这种细菌从被发现到被正式命名，经历了 110 多年的时间。

早期，人们不相信酸性环境的胃里会有细菌。直到 1893 年，有人在狗的胃黏膜上发现了螺旋状细菌。之后，也有学者关注过这种细菌，但均未引起医学界的重视。1982年，澳大利亚病理学家沃伦与内科医生马歇尔成功在体外培养了这种细菌。他们认为，胃炎、胃溃疡等疾病可能是由这种细菌而非辛辣刺激性食物引起的，但这一结论遭到了不少科学家和医生的嘲笑。马歇尔曾将含有这种细菌的培养液喝下，这使他腹痛、呕吐多天，后来他通过胃镜证实了胃炎和这种细菌的关系。1984年，这一成果被发表在《柳叶刀》杂志上。直到1989年，这种细菌才被正式命名为“幽门螺杆菌”。1994年，美国国立卫生研究院（National Institutes of Health, NIH）发布指南，承认大多数再发性消化性溃疡可能是幽门螺杆菌所致，建议使用抗生素治疗。2021年，美国卫生及公共服务部（Health and Human Services, HHS）发布第15版致癌物报告，将幽门螺杆菌列为明确致癌物。

那么如何预防和治疗幽门螺杆菌感染呢？研究发现，幽门螺杆菌主要通过餐具传播，所以实行分餐制和使用公筷可以有效降低感染率。如果感觉胃部不适，我们可以通过碳13或碳14呼气试验来检测是否感染了幽门螺杆菌。一般来说，无临床症状的感染者无须将其清除，只需定期观察；但若存在基础疾病，如胃溃疡、胃炎等，建议将其清除，否则极有可能诱发胃癌。

（一）重要医学词语

1. 培养液	péiyǎngyè	*n.*	culture medium
2. 再发性	zàifāxìng	*n.*	recurrency
3. 抗生素	kàngshēngsù	*n.*	antibiotic

4. 致癌物	zhì'áiwù	*n.*	carcinogen
5. 分餐制	fēncānzhì	*n.*	serving of individual dishes
6. 公筷	gōngkuài	*n.*	serving chopsticks
7. 呼气试验	hūqì shìyàn		breath test
8. 清除	qīngchú	*v.*	to clear, to wipe out

（二）阅读材料，回答问题

1. 马歇尔是如何证实幽门螺杆菌与胃炎的关系的？

____

____

____

2. 如何预防幽门螺杆菌感染？

____

____

____

自我评估

一、生词知多少

你认识下列词语吗？如果认识，请在词语前的“□”里画“√”；如果不认识，请再复习复习。

□ 大便	□ 恶心	□ 呕吐	□ 肠胃
□ 大便常规检查	□ 益生菌	□ 白细胞	□ 腹泻
□ 流质	□ 辛辣	□ 反酸	□ 胃镜
□ 幽门螺杆菌	□ 十二指肠	□ 消化性溃疡	□ 抑制
□ 胃酸	□ 过度	□ 分泌	□ 消化道
□ 饥饿	□ 腹部	□ 伴有	□ 腹胀
□ 嗳气	□ 体重	□ 部位	□ 食管

掌握了 25 ～ 28 个：非常好，为你点赞！

掌握了 20 ～ 24 个：不错，继续努力！

掌握了 19 个及以下：好好复习，下次加油！

二、你知道怎么说吗？

你知道下列医学表达用在什么场景中吗？请选择合适的场景。

1. 做个大便常规检查。（　　）
2. 有没有恶心或呕吐？（　　）
3. 血常规显示白细胞有点儿高。（　　）
4. 腹泻是饮食不当引起的。（　　）
5. 吃流质食物。（　　）
6. 不要吃辛辣生冷的。（　　）

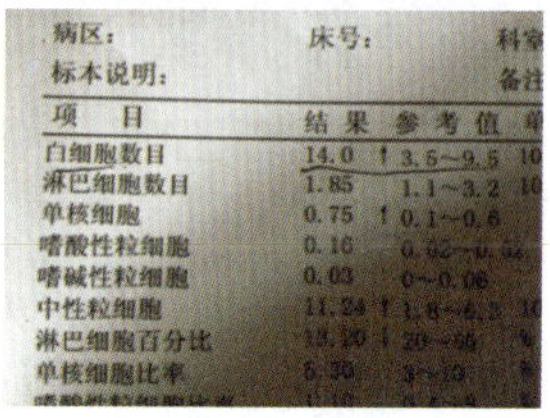

A

B

C

D

E

F

第四课

您的空腹血糖偏高

主题热身

一、给下列词语选择对应的图片

A

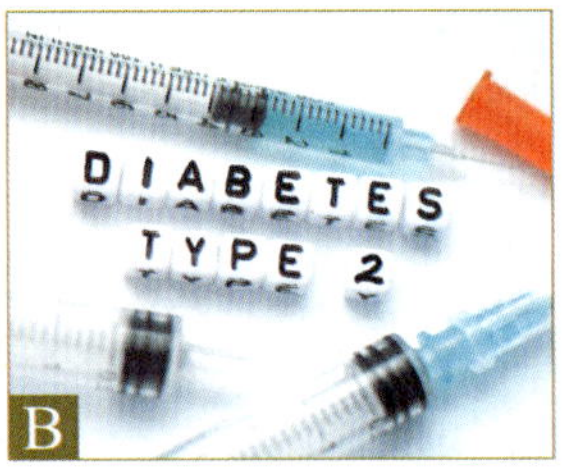

B

C

D

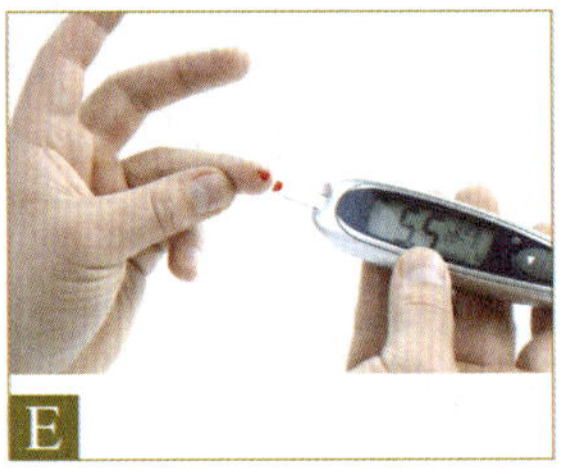
E

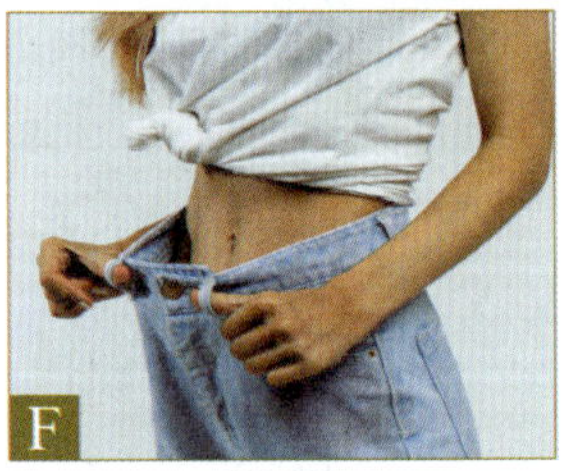
F

1. 胰岛素__________　　2. 昏迷__________　　3. 瘦__________

4. 太极拳__________　　5. 蔬菜__________　　6. 测血糖__________

二、听对话，选择正确答案

1. 他们俩是什么关系？

   A. 同学　　B. 同事　　C. 夫妻

2. 男的最近怎么了？

   A. 太忙了　　B. 瘦了　　C. 胖了

3. 这段对话最有可能发生在哪里？

   A. 公司　　B. 医院　　C. 公园

扫描二维码，获取听力音频

任务学习

任务一　糖尿病病人的问诊

准备

语言点　固定短语：大A大B

读一读

读句子，选择与句中画线部分意思一致的一项

您平时要定期监测血糖，注意控制饮食，<u>不要大吃大喝</u>。

A. 不要吃大块食物，喝大杯饮料

B. 不要一口吃很多食物，喝很多饮料

C. 不要一次吃很多食物，喝很多饮料

学一学

固定短语“大A大B”表示规模大或程度深，A和B一般是意义相近或相关的单音节词，如“大吃大喝”（无节制地吃喝，吃得多，喝得多）、“大手大脚”（花钱多）、“大鱼大肉”（美味丰盛的饮食）、“大吵大闹”（很吵闹）、“大喊大叫”（叫声很大）、“大吉大利”（很吉利）、“大起大落”（变化很大）。

例句

（1）她花钱总是大手大脚的，两天就把一个月的生活费花光了。

（2）当小孩子得不到想要的玩具时，他们就会大吵大闹。

（3）老师刚离开教室，他就开始大喊大叫。

练一练

用“大 A 大 B”改写画线部分

（1）过春节时，中国人的餐桌上少不了美味丰盛的菜品。

____

（2）这两年受天气影响，粮食的总产量变化很大。

____

（3）在新的一年里，祝愿大家吉祥顺利。

____

示例

- 科室：内分泌科（门诊）
- 医生：张浩宇
- 患者：王建国

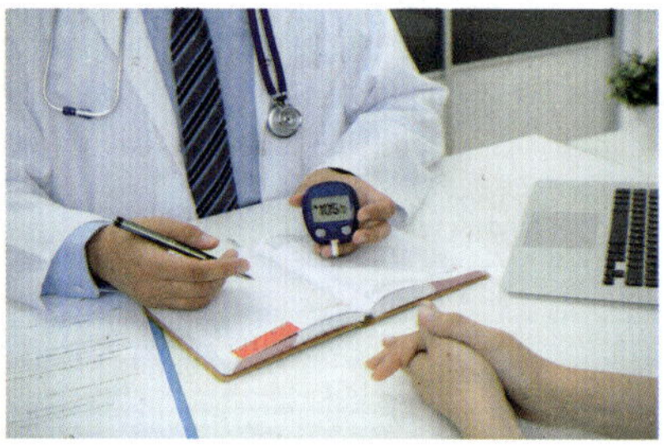

扫描二维码，获取课文和生词音频

张浩宇： 您哪里不舒服？

王建国： 我最近总是感到口渴，每天都要喝很多水。

张浩宇： 这种情况持续多长时间了？还有别的症状吗？

王建国： 差不多两个月了。最近我饭量[1]也比较大，却瘦了十几斤。

张浩宇： 小便怎么样？有没有尿频？

王建国： 次数比以前多，而且每次尿量

生词

1. 却 què *adv.* yet
2. 瘦 shòu *adj.* thin
3. 小便 xiǎobiàn *n./v.* urine; to urinate
4. 尿频 niàopín *v.* to urinate frequently
   尿 niào *n./v.* urine; to urinate
5. 次数 cìshù *n.* time, frequency
6. 尿量 niàoliàng *n.* urine volume

都很大。

张浩宇：家里有人得过糖尿病或高血压吗？

王建国：我父亲有糖尿病。

张浩宇：您今天吃早饭了吗？

王建国：我想着可能要做检查，就没吃。

张浩宇：好的，您先去测一下血糖和尿糖，这是检查单。

王建国：好的，谢谢！

（30 分钟后）

王建国：医生，这是我的检查结果。

张浩宇：您的空腹血糖偏高，还需要进一步检查一下血糖情况和胰岛功能。这是糖耐量试验、胰岛素释放试验和 C 肽释放试验的检查单。

（第二天）

王建国：医生，这是我的检查报告。

张浩宇：根据您的症状及检查结果，您得的是 II[2] 型糖尿病。我先给您

7 糖尿病　tángniàobìng　*n.*　diabetes

8 高血压　gāoxuèyā　*n.*　hypertension

9 测　cè　*v.*　to measure

10 血糖　xuètáng　*n.*　blood glucose

11 尿糖　niàotáng　*n.*　urine glucose

12 空腹血糖　kōngfù xuètáng　fasting blood glucose

空腹　kōngfù　*v.*　to be on an empty stomach

13 偏　piān　*adv.*　slightly

14 胰岛功能　yídǎo gōngnéng　islet function

胰岛　yídǎo　*n.*　pancreas islet

功能　gōngnéng　*n.*　function

15 糖耐量试验　tángnàiliàng shìyàn　glucose tolerance test

16 胰岛素释放试验　yídǎosù shìfàng shìyàn　insulin releasing test

胰岛素　yídǎosù　*n.*　insulin

17 C 肽释放试验　C tài shìfàng shìyàn　C-peptide releasing test

18 型　xíng　*n.*　model, type

开点儿降糖药。

王建国：张医生，除了吃药，我平时还要注意些什么呢？

张浩宇：您平时要定期监测血糖，注意控制饮食，不要大吃大喝。花叶类蔬菜、豆制品、粗粮可以多吃一些。此外[3]，还要适当运动。

王建国：打太极拳行吗？

张浩宇：可以。

19 降糖药 jiàngtángyào *n.* hypoglycemics
20 监测 jiāncè *v.* to monitor
21 蔬菜 shūcài *n.* vegetable
22 豆制品 dòuzhìpǐn *n.* bean products
23 粗粮 cūliáng *n.* coarse grain
24 此外 cǐwài *conj.* in addition
25 太极拳 tàijíquán *n.* *taijiquan*

Note:

1. “名词 / 动词 + 量”表示该名词或动词所代表的事物或动作的数量，如“饭量”“尿量”“药量”“摄入量”等。
2. “II”是罗马数字，读作“二”。
3. “此外”和“另外”：“此外”只做连词，相当于“除此以外”。“另外”可做连词，用法与“此外”相同；还可做代词，指前文所说范围之外的人或事，如“另外一件事”；也可做副词，表示在前文所说的范围之外，如“我另外送你一本书”。

活动

答一答

（1）王建国为什么去看医生？

（2）王建国做了哪些检查？

说一说

小组讨论：糖尿病一般有哪些症状？要做哪些检查？讨论后请在下面对应的词语前面画“√”。如果还有别的症状和检查，请写在后面。

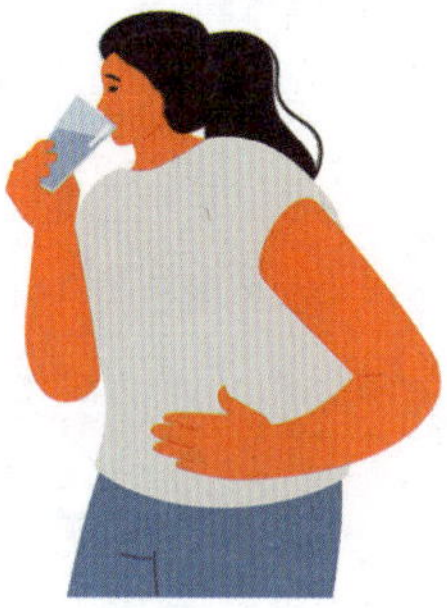

□ 多饮　□ 多食　□ 多尿　□ 体重下降

其他症状：________________________________

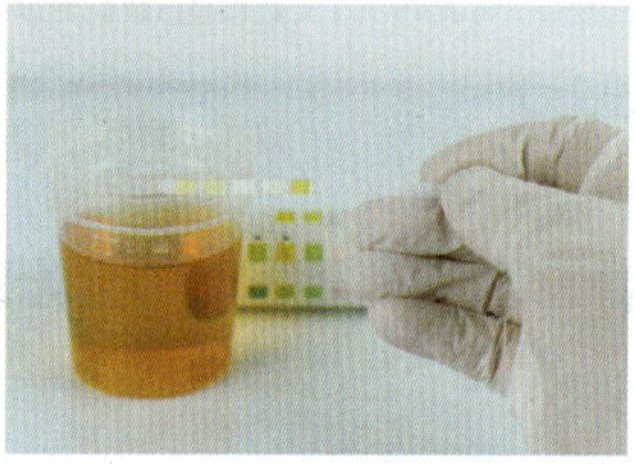

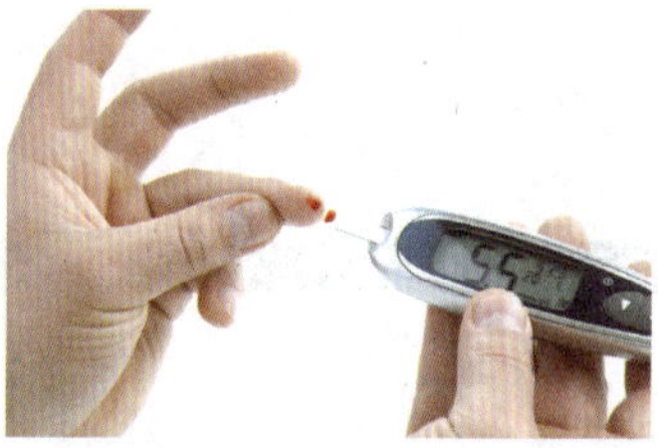

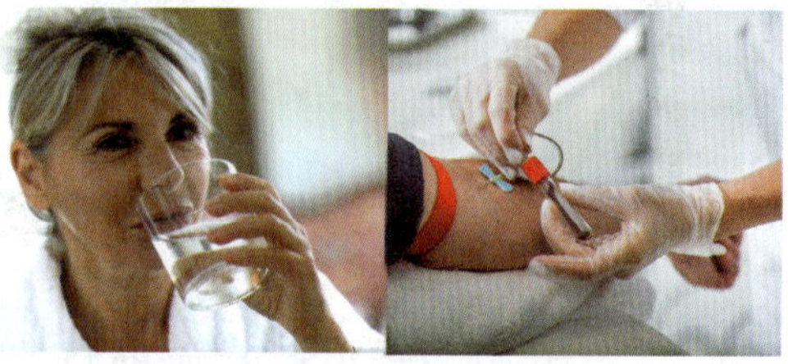

□ 测尿糖　□ 测血糖　□ 糖耐量试验

其他检查：________________________________

读一读

读糖耐量试验报告单，判断正误

糖耐量试验报告单

姓名：王建国　性别：男　年龄：50 岁　病人 ID：3245688　标本种类：血清

临床诊断：Ⅱ型糖尿病

开单科室：内分泌科（门）

No	项目	结果	提示	参考范围	单位
1	空腹葡萄糖（GLU）	9.0	↑	3.9 ～ 6.1	mmol/L
2	餐后半小时血糖（GLU−0.5H）	21	↑	3.9 ～ 8.9	mmol/L
3	餐后 1 小时血糖（GLU−1H）	19	↑	3.9 ～ 11.1	mmol/L
4	餐后 2 小时血糖（GLU−2H）	17	↑	3.9 ～ 7.8	mmol/L
5	餐后 3 小时血糖（GLU−3H）	15	↑	3.9 ～ 6.1	mmol/L

（1）患者餐后半小时血糖是 19 mmol/L。（　　）

（2）患者餐后 2 小时血糖正常。（　　）

（3）患者餐后 3 小时血糖偏高。（　　）

任务二　糖尿病患者日常生活注意事项

准备

语言点 1　固定格式：对于……来说

读一读

读句子，选择与句中画线部分意思一致的一项

<u>对于糖尿病患者来说</u>，外出时随身携带一些食物很重要。

A. 对待糖尿病患者

B. 面对糖尿病患者

C. 对糖尿病患者来说

学一学

固定格式“对于……来说”表示从某人或某事的角度看，与“对……来说”用法相同。

例句

（1）对于支气管哮喘患者来说，平时的防护很重要。

（2）对于想深入了解中国文化和社会的留学生来说，学好中文很重要。

（3）对他来说，这门课程太难了；而对我来说，却很简单。

练一练

用“对（于）……来说”改写句子

（1）慢支患者平时不仅要做好预防措施，保持乐观的生活态度也很重要。

____

（2）腹泻病人的饮食很重要，尽量不要吃辛辣生冷的。

____

（3）妈妈送我的这块手表虽然普通，但却是我最珍贵的宝贝。

____

语言点 2　并列复句：一方面……，另一方面……

读一读

读句子，排列顺序

A. 在生活方式上，一方面要适当运动，保持健康体重

B. 血糖稳定时，每周应监测一到两次

C. 另一方面要定期监测血糖

D. 血糖异常时，应及时就诊

学一学

“一方面……，另一方面……”是并列复句，表示从两个方面对事物进行阐述。

例句

（1）进入大学后，你一方面要努力学习，另一方面也要积极参加课外活动。

（2）学习汉语，一方面要注重语法的学习，另一方面也要注重汉字的学习。

（3）高铁给我留下了深刻印象，一方面是速度快，另一方面是乘车环境舒适。

练一练

用并列复句“一方面……，另一方面……”完成句子

（1）他这次考试没考好，________________________________。

（2）我对这个城市的印象很好，________________________________。

（3）刚到中国学习时，我很不适应，________________________________。

示例

扫描二维码，获取课文和生词音频

你听说过“糖友”这个称呼吗？“糖友”是对糖尿病患者的称呼。赵大爷就是一位“糖友”。赵大爷今年68岁，患糖尿病已经10多年了。这些年他一直在吃降糖药，血糖控制得不错。可是前两天他跟家人一起出门买菜的时候，突然晕倒了，家人赶紧送他去了医院。医生给他输了液，他才慢慢醒过来。原来他吃了降糖药后没及时吃饭，血糖太低导致了昏迷。所以对于糖尿病患者来说，外出时随身携带一些食物很重要。当感到饥饿、心慌时，糖尿病患者一定要及时补充食物，以免发生低血糖昏迷。

糖尿病是一种无法根治的慢性疾

生词

1. 称呼 chēnghu *n./v.* name; to call
2. 大爷 dàye *n.* uncle
3. 晕倒 yūndǎo to faint
4. 赶紧 gǎnjǐn *adv.* quickly
5. 输液 shūyè *v.* to infuse
6. 醒 xǐng *v.* to wake up
7. 昏迷 hūnmí *v.* to be in a coma
8. 对于 duìyú *prep.* to, for
9. 外出 wàichū *v.* to go out
10. 随身 suíshēn *adj.* carry-on
11. 携带 xiédài *v.* to carry, to bring
12. 心慌 xīnhuāng *v.* to be palpitated
13. 补充 bǔchōng *v.* to replenish
14. 以免 yǐmiǎn *conj.* lest
15. 无法 wúfǎ *v.* to have no way to
16. 根治 gēnzhì *v.* to cure once and for all

病，它的典型症状是"三多一少"：多尿、多饮[1]、多食和体重下降。它的发病与家族史、不良的饮食习惯、运动少、肥胖、大量饮酒等有关。要想有效控制血糖，患者应做到：在饮食上，选择血糖指数较低的食物，如粗粮、蔬菜等，控制碳水化合物、脂肪和蛋白质的摄入量。在生活方式上，一方面要适当运动，保持健康体重。另一方面要定期监测血糖。血糖稳定时，每周应监测一到两次；血糖异常时，应及时就诊。

17 饮 yǐn to drink
18 下降 xiàjiàng *v.* to fall, to descend
19 与 yǔ *prep.* with
20 家族史 jiāzúshǐ *n.* family history
21 不良 bùliáng *adj.* harmful, unhealthy
22 肥胖 féipàng *adj.* obese
23 有关 yǒuguān *v.* to relate to
24 选择 xuǎnzé *v.* to select, to choose
25 指数 zhǐshù *n.* index
26 碳水化合物 tànshuǐ-huàhéwù *n.* carbohydrate
27 脂肪 zhīfáng *n.* fat, axunge
28 蛋白质 dànbáizhì *n.* protein
29 摄入量 shèrùliàng *n.* intake
摄入 shèrù *v.* to ingest
30 稳定 wěndìng *adj.* stable, steady
31 异常 yìcháng *adj.* abnormal

Note:

1. "饮"和"喝"："饮"多用于书面语，如"饮酒"；还可构成名词，如"饮食""饮料"。"喝"多用于口语，搭配范围比"饮"要广，如"喝（*饮）药""喝（*饮）汤"。

活动

答一答

（1）糖尿病的发病与什么有关？

（2）糖尿病患者应该如何控制血糖？

说一说

小组活动：四人一组，每人轮流以医生的身份向大家介绍糖尿病患者日常生活中应注意的事项，其他三人做好记录。

冬季是糖尿病容易复发（fùfā，relapse）和加重的季节，糖尿病患者应该怎样控制好血糖呢？首先，……；其次，……；最后，……。

任务操练

实践

三人一组，根据图片场景，使用下列词语，模拟医生、实习医生和病人家属之间的对话。

场景提示：病人出现低血糖昏迷，实习医生向医生汇报（huìbào，report）病人昏迷的原因，医生指导（zhǐdǎo，guide）实习医生对病人进行应急处理，并向家属交代糖尿病患者日常生活中需要注意的事项。

参考词语：糖尿病　昏迷　输液　低血糖　补充食物　监测

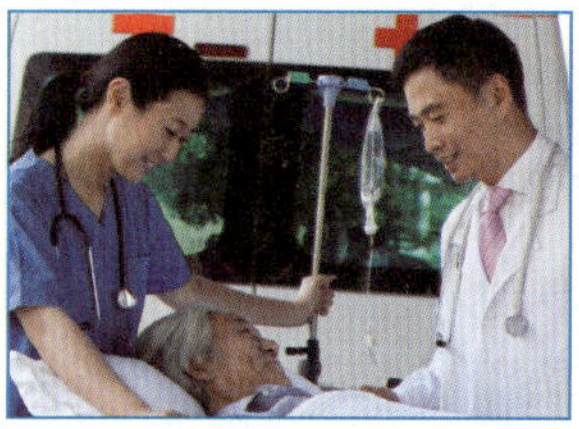

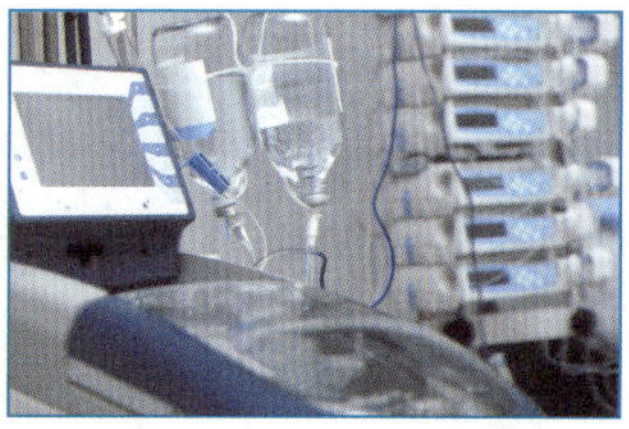

练习

（一）词语搭配

打	心慌
患	太极拳
测	尿糖
感到	糖尿病

血糖	携带
大量	偏高
随身	监测
定期	饮酒

（二）选择正确的词语填空

下降　空腹　晕倒　稳定　肥胖　发病　选择　以免

1. 爷爷昨晚突然（　　）昏迷，可把家人急坏了。
2.（　　）的人往往怕热、多汗，而且行动不方便。
3. 孩子昨晚突然发高烧，吃了退烧（tuì shāo，bring down a fever）药后体温才慢慢（　　）。
4. 这种病（　　）快，死亡率高，患者一旦出现症状，需要及时送医。
5. 消化功能不好的人早上不能（　　）喝牛奶。
6. 我们不仅要（　　）适合自己的运动，还要用正确的方式运动。
7. 患有哮喘的人不能做剧烈运动，（　　）引起呼吸困难。
8. 402 病房 2 床病人的病情已经（　　）了，但我们还需要注意观察。

（三）组词成句

1. 症状　时间　了　这种　多长　持续

____

2. 血糖　您　测　和尿糖　一下　需要

____

3. 是　昏迷　引起的　低血糖　他　这次

____

4. 无法　疾病　这是　一种　根治的

____

5. 最好　出门旅游时　随身　药物　携带　一些

____

（四）用指定词语或结构完成对话

1. A：妈，昨晚睡得好吗？

B：不太好，对面病房有个病人晚上______________________，吵得人睡不着。

（大A大B）

2. A：医生，除了吃药，我还需要注意什么？

B：你要定期监测血糖，注意控制饮食，__________________________。（此外）

3. A：你认为工作和家庭哪个更重要？

B：________________________。[对（于）……来说]

4. A：小王怎么突然住院了？

B：________________________。（一方面……，另一方面……）

5. A：你身体不是一直挺好的吗？最近怎么总是没精神呀？

B：我也不知道怎么了，可能________________________________。

（与……有关）

（五）阅读语段，选择与语段意思一致的一项

1. 对于糖尿病患者来说，适当增加体力活动非常有必要（bìyào，necessity）。这既可以帮助体内的胰岛素正常发挥作用，降低血糖；又能增强体力，减少身体脂肪量，提高工作能力和生活质量。患者应根据自己的健康状况（zhuàngkuàng，condition）选择合适的或自己感兴趣的运动项目，如散步、快步走、打太极拳、跑步、游泳等。

A. 适当运动有助于降低血糖，增加身体脂肪量

B. 糖尿病患者应该根据健康状况选择适合自己的运动

C. 打太极拳对糖尿病患者来说很重要

2. 人体血液中的葡萄糖称为血糖，是人体能量的重要来源。正常情况下，血糖必须保持一定的水平，才能满足身体各个器官和组织的需要。血糖过高或过低都属于病理状态。长期血糖偏高往往会导致各种急性或慢性并发症，如酮症酸中毒、冠心病、糖尿病等；而经常出现低血糖症则会导致身体各器官和组织功能受损，如果持续时间过长，还会对大脑产生不可逆的损伤。

A. 葡萄糖就是血糖

B. 血糖长期过高会对大脑产生不可逆的损伤

C. 血糖正常才能满足身体各个器官和组织的需要

（六）请根据“任务一”中的示例内容，填写以下问诊信息

姓名：

主诉：

现病史：

既往史：

体格检查：

辅助检查结果：

初步诊断：

治疗意见：

医生签名：

拓展学习

一、词汇

“试验”和“实验”

“试验”是为了了解事情的结果或事物的情况而进行的操作或活动，如“糖耐量试验”是为了了解胰岛细胞的功能和人体对血糖的调节能力而进行的操作。“实验”是为了检验某个理论或假设而进行的操作或活动，如“实验室”是专门进行检验理论或假设活动的场所。两者读音相近，极易混淆。常见的医学词汇有：

易混淆词	医学词汇
试验	胰岛素释放试验、C 肽释放试验、粪便隐血试验（FOBT）
实验	实验室检查（laboratory examination）、病理实验

二、阅读

高血糖与低血糖

俗话说“高血糖要钱，低血糖要命”，意思是得了糖尿病需要长期服药治疗，得花钱；而低血糖作为糖尿病的并发症之一，可能会直接致命。一般来说，正常人只有在较长时间禁食或剧烈运动后，才会出现低血糖症状。

绝大多数的低血糖症发生在糖尿病患者当中，主要是使用胰岛素等降糖类药物引起的。当糖尿病患者的进食比平时少或体力活动比平时多时，降糖类药物可能会过度地降低血糖，致使患者出现低血糖症状。

按照临床标准，没有糖尿病的人，血糖低于2.8mmol/L时就是低血糖；而对于接受药物治疗的糖尿病患者来说，血糖低于3.9mmol/L时才是低血糖。有时候，糖尿病患者去参加聚会，出门前服了降糖药，到餐厅后却在等朋友或等上菜的过程中晕倒，这就是因为未按时进食引起了低血糖。出现低血糖症状后，患者可以通过摄入任何种类的糖来缓解症状，一般几分钟之内就会见效。这些糖包括糖块、葡萄糖片剂、甜味饮料等，但不能吃巧克力或冰激凌，因为后两者中含有大量脂肪，会延缓糖分的吸收。对待已经昏迷或意识模糊的低血糖症患者，旁人切勿给患者喂食，以防造成呼吸道阻塞，应及时拨打120。

预防低血糖的发生，首先要保持稳定的摄食量和规律的用餐时间；其次要合理安排运动计划，运动适当且不剧烈；再次要随身携带病情卡和糖果等食物；最后要掌握正确的血糖监测方法，并合理用药。

（一）重要医学词语

1. 并发症	bìngfāzhèng	*n.*	complication
2. 禁食	jìnshí	*v.*	to fast
3. 临床	línchuáng	*v.*	to practice clinically
4. 缓解	huǎnjiě	*v.*	to relieve
5. 吸收	xīshōu	*v.*	to assimilate, to absorb
6. 意识	yìshí	*n.*	consciousness
7. 模糊	móhu	*adj.*	vague

（二）阅读材料，回答问题

1. 哪些人群容易出现低血糖症状？为什么？

____

____

____

2. 出现低血糖症状后，我们应该怎么办？

____

____

____

自我评估

一、生词知多少

你认识下列词语吗？如果认识，请在词语前的“□”里画“√”；如果不认识，请再复习复习。

□ 小便	□ 尿频	□ 尿量	□ 糖尿病
□ 高血压	□ 血糖	□ 尿糖	□ 空腹
□ 空腹血糖	□ 胰岛功能	□ 胰岛素释放试验	□ C 肽释放试验
□ 降糖药	□ 监测	□ 太极拳	□ 晕倒
□ 昏迷	□ 心慌	□ 根治	□ 家族史
□ 碳水化合物	□ 脂肪	□ 蛋白质	□ 摄入量
□ 稳定	□ 异常	□ 输液	

掌握了 24 ～ 27 个：非常好，为你点赞！

掌握了 20 ～ 23 个：不错，继续努力！

掌握了 19 个及以下：好好复习，下次加油！

二、你知道怎么说吗？

你知道下列医学表达用在什么场景中吗？请选择合适的场景。

1. 测一下血糖。（　　）
2. 空腹血糖偏高。（　　）
3. 控制饮食，不要大吃大喝。（　　）
4. 适当运动，保持健康体重。（　　）

A

B

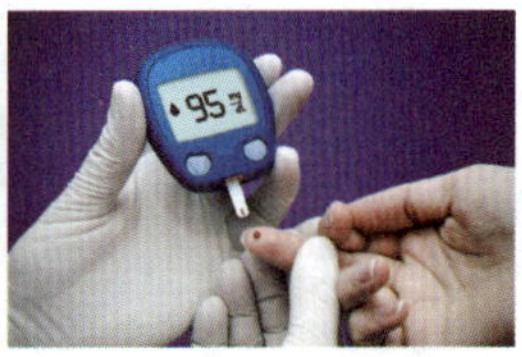

C

D

第五课

右脚根本使不上劲

主题热身

一、将下列词语填到对应的位置

颅骨　股骨　腓骨　胫骨　髌骨　胸骨　桡骨　尺骨　肱骨　肋骨　锁骨　手骨

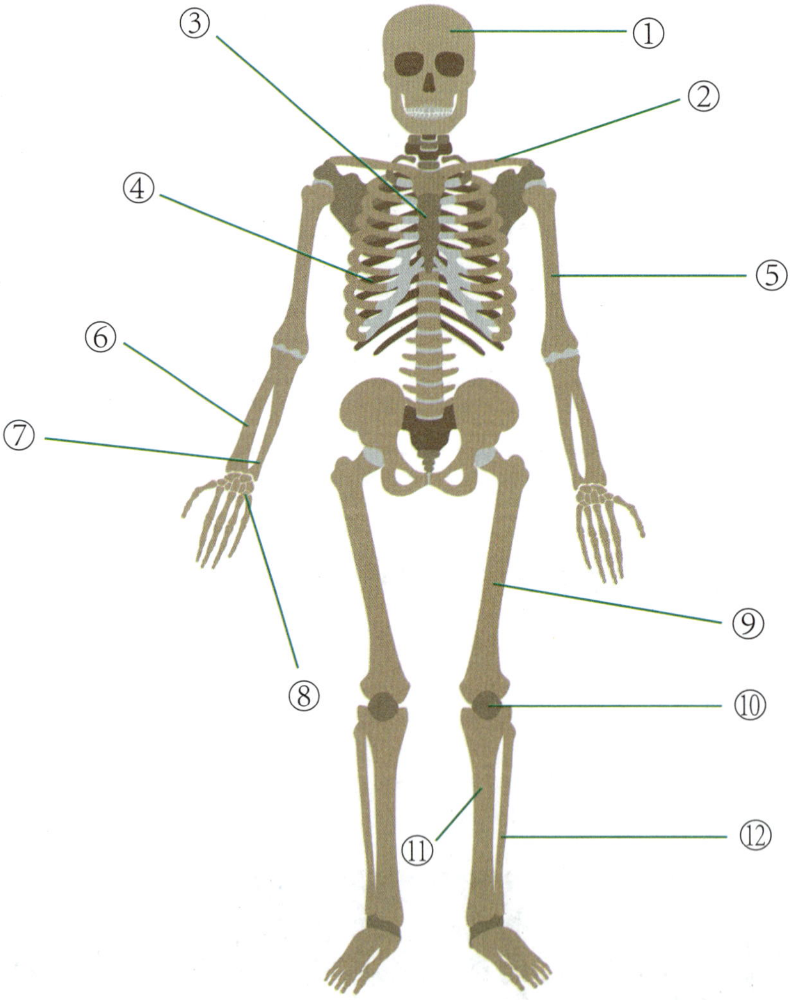

①________　②________　③________　④________　⑤________　⑥________

⑦________　⑧________　⑨________　⑩________　⑪________　⑫________

二、听对话，选择正确答案

1. 马丁现在在哪里？

A. 教室　　B. 公园　　C. 医院

2. 马丁哪里骨折了？

A. 左腿　　B. 右腿　　C. 左脚

3. “伤筋动骨一百天”是什么意思？

A. 韧带损伤、骨折等恢复需要一百天的时间

B. 韧带损伤、骨折等恢复至少需要三个月的时间

C. 韧带损伤、骨折等恢复最多需要三个月的时间

扫描二维码，获取听力音频

任务学习

任务一　骨科知识的学习

准备

语言点　固定格式：由……组成

读一读

读句子，选择与句子意思一致的一项

四肢骨是由上肢骨和下肢骨组成的。

A. 上肢骨分为四肢骨和下肢骨

B. 四肢骨是上肢骨或下肢骨

C. 上肢骨和下肢骨组成了四肢骨

学一学

固定格式“由……组成”表示几个部分或个体组合成为一个整体。

例句

（1）“好”由“女”和“子”组成。

（2）这所大学由 21 个学院组成。

（3）这门课的成绩由平时成绩和期末考试成绩两部分组成。

练一练

用“由……组成”改写句子

（1）这个房子被分成了五个小房间。

____

（2）蓝天、白云和草地组成了一幅美丽的图画。

____

（3）56 个民族的兄弟姐妹组成了中华民族大家庭。

____

示例

- 地点：教室
- 人物：王老师和学生

扫描二维码，获取课文和生词音频

王老师： 同学们，你们还记得人体有多少块骨[1]吗？

学生 1： 206 块。

生词

1 人体 réntǐ *n.* human body

王老师：那这206块骨可以分为哪几个部分呢？

学生2：可以分为颅骨、躯干骨和四肢骨三个部分。

王老师：那四肢骨又是由什么组成的？

学生3：四肢骨是由上肢骨和下肢骨组成的。

王老师：很好。现在我们一起来看看这张图。上肢骨由锁骨、肩胛骨、肱骨、桡骨、尺骨和手骨组成，下肢骨由髋骨、股骨、胫骨、腓骨、髌骨和足骨组成。

学生4：王老师，马丁就是胫骨骨折了。

王老师：胫骨骨折很常见。常见的还有髋骨骨折、手骨骨折等。接下来我们看几张影像图，请大家判断一下患者的骨折部位。

学生5：老师，这个是腓骨骨折。

学生6：X光片显示，这位患者是肱骨骨折，需要复位和石膏固定。

……

2 颅骨　lúgǔ　*n.*　skull, harnpan
3 躯干　qūgàn　*n.*　trunk
4 四肢　sìzhī　*n.*　limbs
5 组成　zǔchéng　*v.*　to compose
6 上肢　shàngzhī　*n.*　upper limb
7 下肢　xiàzhī　*n.*　lower limb
8 锁骨　suǒgǔ　*n.*　clavicle
9 肩胛骨　jiānjiǎgǔ　*n.*　shoulder blade, scapula
10 肱骨　gōnggǔ　*n.*　humerus
11 桡骨　ráogǔ　*n.*　radius
12 尺骨　chǐgǔ　*n.*　ulna
13 髋骨　kuāngǔ　*n.*　innominate bone, hip bone
14 股骨　gǔgǔ　*n.*　femur
15 胫骨　jìnggǔ　*n.*　tibia
16 腓骨　féigǔ　*n.*　fibula
17 髌骨　bìngǔ　*n.*　patella
18 骨折　gǔzhé　*v.*　to fracture
19 影像图　yǐngxiàngtú　*n.*　striograph
影像　yǐngxiàng　*n.*　image
20 复位　fùwèi　*v.*　to reset
21 石膏　shígāo　*n.*　plaster
22 固定　gùdìng　*v.*　to fix

王老师：大家的判断都是对的。刚才的几张影像图都是四肢骨折患者的。对于这类患者，如果我们在事故现场，应该如何处理呢？

学生 7：一定不能乱动。

学生 8：马上打 120。

……

王老师：大家说得很好。首先，要尽量减少移动，以免造成其他部位损伤，同时打 120。其次，如果身边能找到硬质物体，可以用它来固定受伤肢体；如果有明显伤口或出血较多，要立刻进行包扎或压迫止血。

23 事故 shìgù *n.* accident

24 处理 chǔlǐ *v.* to handle, to deal with

25 减少 jiǎnshǎo *v.* to reduce

26 移动 yídòng *v.* to move

27 造成 zàochéng *v.* to cause

28 损伤 sǔnshāng *v.* to damage, to injure

29 硬 yìng *adj.* hard, stiff

30 物体 wùtǐ *n.* object

31 受伤 shòushāng *v.* to be injured

32 肢体 zhītǐ *n.* limbs and trunk

33 伤口 shāngkǒu *n.* wound

34 出血 chū xiě to bleed

35 包扎 bāozā *v.* to bandage

36 压迫 yāpò *v.* to press

37 止血 zhǐxuè *v.* to stanch, to stop bleeding

Note:

1.“骨”和“骨骼”：骨骼是由骨连接构成的骨架。

活动

答一答

（1）上肢骨和下肢骨分别由什么组成？

（2）如果在事故现场，我们应该怎么处理骨折患者？

说一说

小组讨论：根据以下影像图，判断患者的骨折部位并连线。

①

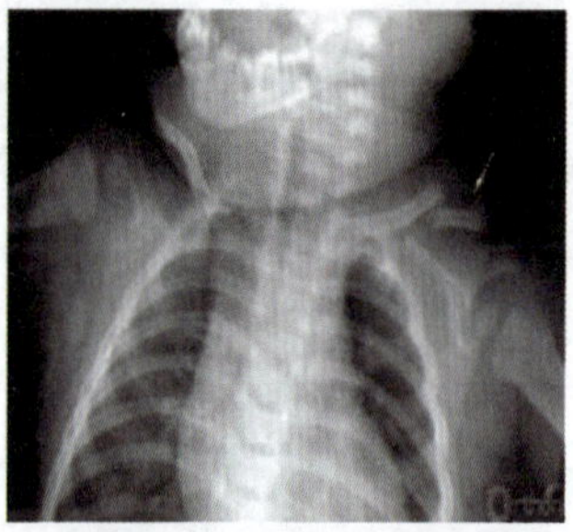

②

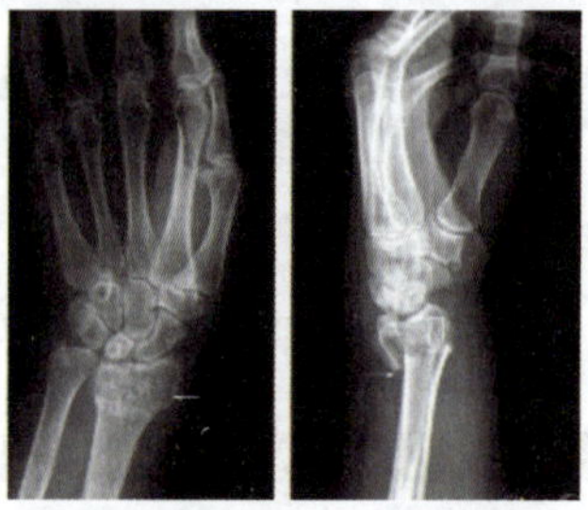

③

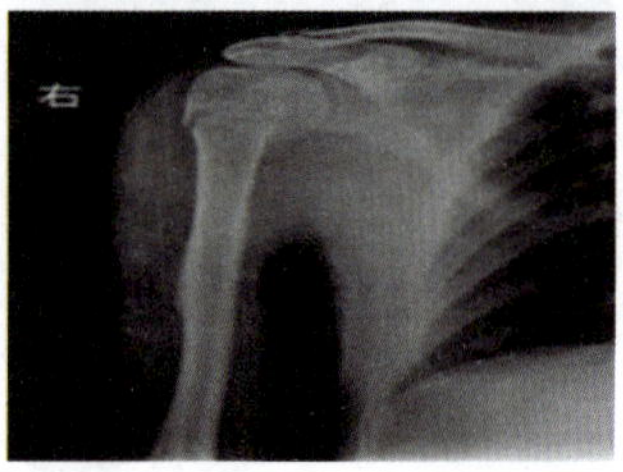

④

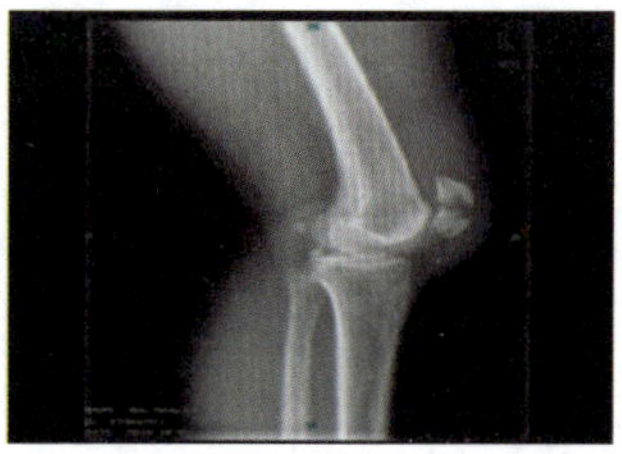

肱骨近端骨折

髌骨骨折

左锁骨骨折

桡骨远端骨折

读一读

读 DR 检查报告单，判断正误

DR 检查报告单

姓名：马丁　　性别：男　　年龄：21　　申请科室：急诊
住院号：　　门诊号：198738475　　检查日期：××-××-××
病人 ID：6313789945　　检查号：DX23270583　　报告日期：××-××-××

检查部位：右胫腓骨侧位、右胫腓骨正位

影像表现：右侧胫骨上段多发骨质断裂，断端（duànduān，the broken ends of the fractured bone）错位，踝间受累，周围软组织肿胀。余所见右胫腓骨大小形态正常，骨质完整，骨密度均匀，骨皮质光滑。

意　　见：右侧胫骨上段多发骨折（累及踝间）

（1）患者做了左胫腓骨侧位 DR 检查。（　　）

（2）患者右胫腓骨大小形态不正常。（　　）

（3）患者右侧胫骨上段多发骨折。（　　）

任务二　疾病介绍：跟腱断裂

准备

语言点 1　语气副词：竟然

读一读

读句子，选择与句子意思一致的一项

他发现自己竟然站不稳。

A. 他发现自己果然站不稳

B. 他本来以为自己能站稳，结果站不稳

C. 他本来以为自己站不稳，结果真的站不稳

学一学

语气副词"竟然"常用在动词或形容词性成分前，表达结果出乎意料。

例句

（1）这次考试他竟然考了满分。

（2）这次作业竟然这么简单。

（3）天气这么冷，竟然还有人穿短袖。

练一练

用语气副词"竟然"完成对话

（1）A：这个问题太难了，你知道怎么回答吗？

　　B：______________________________。

（2）A：这次考试你考得怎么样？

　　B：______________________________。

（3）A：昨晚的足球比赛结果如何？

　　B：______________________________。

语言点 2 固定格式：在……下

读一读

读句子，选择与句子意思一致的一项

在医生的建议下，他做了核磁共振。

A. 医生建议他做核磁共振

B. 医生没有建议他做核磁共振

C. 医生给他做了核磁共振

学一学

固定格式“在……下”表示条件，中间一般是对条件的具体说明，如“在某人的建议 / 帮助 / 指导下”“在困难的条件下”等。

例句

（1）在老师的帮助下，他顺利地通过了考试。

（2）在如此困难的条件下，他们还是按时完成了任务。

（3）在父母的建议下，他最后选择了医学专业。

练一练

用“在……下”改写句子

（1）他带领大家取得了一个又一个的成功。

____

（2）老师安排这个学生坐在了最后一排。

____

（3）交通警察护送（hùsòng，escort）她们安全地回到了家。

____

示例

扫描二维码，获取课文和生词音频

王超是一名网球爱好者，他每天下班后都要去打网球。两天前，他和朋友打比赛，打到最激烈的时候，他跳起来用力扣杀，落地时只听见“啪”的一声，他直接摔倒在地上，右脚疼得厉害。回家后，他发现受伤的右脚有点儿肿，当时以为只是普通的扭伤，休息几天、敷点儿药就没事了；可没想到，第二天起床后，他发现自己竟然站不稳，而且右脚根本使不上劲[1]，于是赶紧去了医院。在医生的建议下，他做了核磁共振，检查结果显示右脚跟腱断裂。医生马上给他安排了手术。医生告诉他，术后两周

生词

1. 激烈　jīliè　*adj.*　intense, fierce
2. 用力　yònglì　*v.*　to put forth one's strength
3. 扣杀　kòushā　*v.*　to smash (the ball)
4. 落地　luòdì　*v.*　to fall to the ground
5. 啪　pā　*ono.*　bang, crack
6. 声　shēng　*m.*　a measure word used to indicate sound
7. 摔倒　shuāidǎo　to fall, to tumble
8. 肿　zhǒng　*v.*　to swell
9. 扭伤　niǔshāng　*v.*　to sprain
10. 敷　fū　*v.*　to externally apply (ointment)
11. 竟然　jìngrán　*adv.*　unexpectedly
12. 稳　wěn　*adj.*　steady, stable
13. 使劲　shǐjìn　*v.*　to exert one's strength
14. 核磁共振　hécígòngzhèn　*n.*　magnetic resonance imaging
15. 跟腱断裂　gēnjiàn duànliè　achilles tendon rupture
    跟腱　gēnjiàn　*n.*　achilles tendon
16. 手术　shǒushù　*n.*　operation, surgery

要到医院拆线，第一、二、三、六、十二个月需要到医院复查。

跟腱像一条绳子一样“系”在脚后跟上，是人体最粗、最大的肌腱之一。它对行走、跑步、跳跃等动作的完成有重要作用。在临床上，绝大多数跟腱损伤都是运动方法不当造成的。所以，运动前，最好先做15分钟的热身运动；运动后，可以用热水泡脚20分钟左右，以促进血液循环，使肌肉、韧带放松，更好地保护跟腱。

17 拆线 chāixiàn *v.* to remove stitches
18 复查 fùchá *v.* to check, to reexamine
19 绳子 shéngzi *n.* rope, cord
20 系 jì *v.* to tie
21 脚后跟 jiǎohòugen *n.* heel
22 肌腱 jījiàn *n.* tendon
23 之一 zhīyī *n.* one of
24 行走 xíngzǒu *v.* to walk
25 跳跃 tiàoyuè *v.* to jump
26 临床 línchuáng *v.* to practice clinically
27 绝大多数 jué dàduōshù overwhelming majority
28 热身 rèshēn *v.* to warm up
29 热水 rèshuǐ *n.* hot water
30 泡 pào *v.* to soak
31 促进 cùjìn *v.* to promote, to facilitate
32 循环 xúnhuán *v.* to circulate
33 肌肉 jīròu *n.* muscle
34 韧带 rèndài *n.* ligament

Note:

1.“使劲”是一个离合词，可以拆开使用，如“使不上劲”；也可以一起使用，如“你使劲啊”。

活动

答一答

（1）王超怎么了？

（2）跟腱断裂术后应如何复诊？

说一说

小组活动：四人一组，每人轮流以医生的身份向大家介绍如何预防跟腱断裂，其他三人做好记录。

运动方法不当容易造成跟腱断裂，我们应该怎样预防呢？首先，……；其次，……；最后，……。

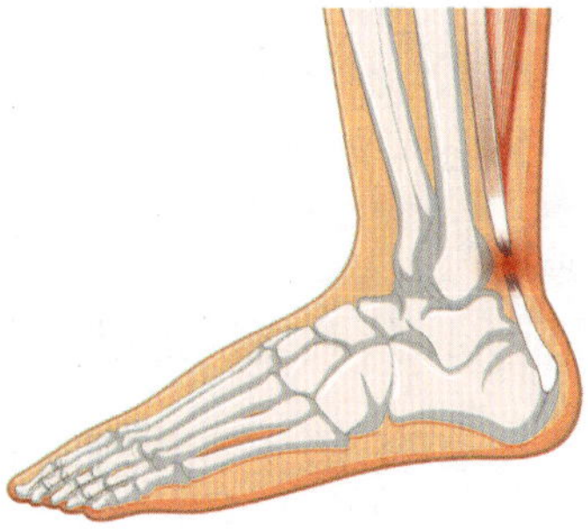

任务操练

实践

两人一组，根据图片场景，使用下列词语，模拟医生和实习医生之间的对话。

场景提示：病人骨折入院，实习医生向医生汇报病人的骨折情况，医生指导实习医生对病人进行治疗。

参考词语：摔倒　X光片　胫骨骨折　复位　石膏　复查

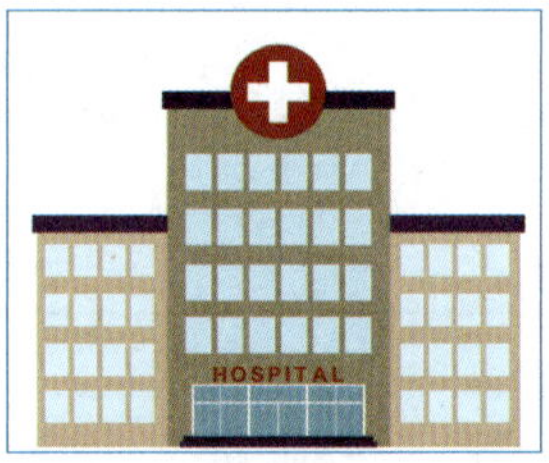

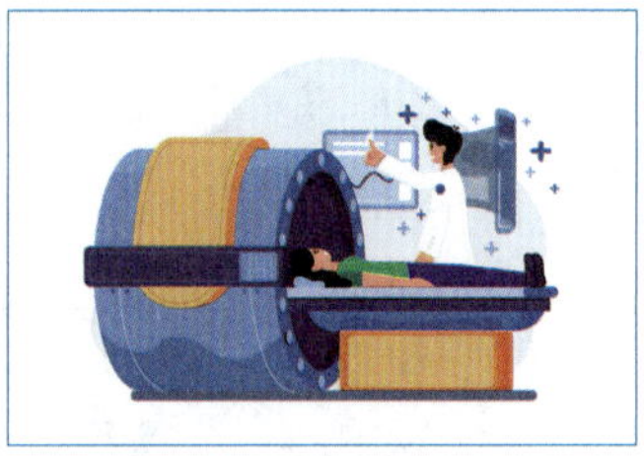

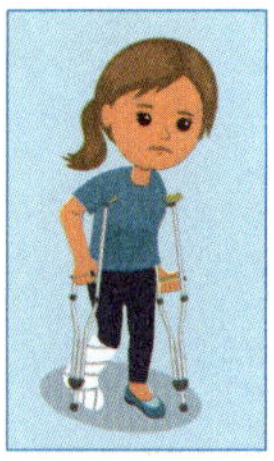

练习

（一）词语搭配

石膏	手术
敷	固定
右脚	药
安排	扭伤

跟腱	止血
包扎	断裂
伤口	比赛
打	出血

（二）选择正确的词语填空

事故　处理　粗　止血　临床　激烈　促进　热身

1. 公园里的那棵树真（　　），得五个人手拉手才能抱（bào，hold with both arms）住。
2. 王医生在医院工作了 30 多年，（　　）经验十分丰富。
3. 第一次面对这种紧急（jǐnjí，urgent）情况，小刘不知道该怎么（　　）才好。
4. 每次上课前，教练都要带着我们先做 10 分钟的（　　）运动。
5. 高速公路上突然发生了一起交通（　　），警察已经赶到了现场。
6. 鼻子出血时，如果出血量较少，可以采用压迫（　　）的方法。
7. 游泳可以锻炼全身的肌肉，并（　　）人体的血液循环。
8. 这场比赛太（　　）了，所有选手都在使劲往前跑，争当第一。

（三）组词成句

1. 移动　应　患者　尽量　骨折　减少

____

2. 物体　可以　帮助　固定　硬质　肢体　受伤的

____

3. 他的　立刻　进行　伤口　包扎　需要

____

4. 容易　老年人　摔倒　骨折　导致　很

____

5. 跟腱　运动　不当　会　造成　方法　损伤

____

（四）用指定词语或结构完成对话

1. A：安迪，你来说说人体骨骼的结构吧。

   B：好的。人体骨骼______________________，共三个部分。（由……组成）

2. A：后天就要考试了，你______________________。（竟然）

   B：不用担心，我早就复习好了。

3. A：大卫，你租到合适的房子了吗？

   B：______________________，我租到了一个很满意的房子。（在……下）

4. A：新换的药吃了五六天了，我明显感觉好一些了。

   B：那说明______________________。（对……有作用）

5. A：你怎么不早点儿来医院检查？

   B：我本来以为只是小感冒，______________________。（没想到）

（五）阅读语段，选择与语段意思一致的一项

1. 韧带是人体中固定骨骼和内脏（nèizàng，internal organs）的结缔组织。当人在进行剧烈运动或重体力劳动时，方法不当可能会造成韧带损伤，从而引起关节局部疼痛、血肿等，关节稳定性也会下降。韧带损伤发生后，我们千万不要继续活动，可用毛巾包着冰块冷敷进行消肿，然后进行简单的包扎固定，并尽快送医治疗。

   A. 最好不做剧烈运动，以免造成韧带损伤

   B. 韧带可以起到稳定关节的作用

   C. 韧带损伤后可以用热敷的方法消肿

2. 骨裂是一种相对较轻的骨折，伤处也会出现红肿、疼痛。通过 X 光片，我们可以看到骨质有断裂，但是骨头没有移位，这种情况可用石膏或夹板固定，不需要做手术。不过，骨裂也会损伤到骨膜，需要一段时间才能恢复，所以伤处也要像骨折一样进行固定。骨裂患者不要过多地活动，否则可能会导致病情加重。

A. 骨裂跟骨折一样会导致伤处红肿或疼痛

B. 如果骨头没有发生移位，伤处很快就能恢复

C. 骨裂对骨膜的损伤非常轻

（六）请根据“任务二”中的示例内容，填写患者王超的问诊信息

姓名：

主诉：

现病史：

既往史：

体格检查：

辅助检查结果：

初步诊断：

治疗意见：

医生签名：

拓展学习

一、词汇

“血（xuè）”和“血（xiě）”

“血”是一个多音字——血（xuè）和血（xiě）。两者均指血液，区别表现在使用习惯上：组合成词的“血”一般读“xuè”，如“血液”；组合成短语的“血”一般读“xiě”，如“流血”。

易混淆字	医学词汇
血（xuè）	白血病、败血症、血糖、血压、血型
血（xiě）	吐血、咯血、便血、验血

二、阅读

西医与中医眼中的骨

随着生活质量的逐步提高，人们越来越重视自己的骨骼健康。吃钙片、补充维生素D、多晒太阳、多运动等补钙方式我们并不陌生，那哪种方式才是最恰当的呢？这就需要先了解一下骨的生长与哪些因素关系最为密切。在这个问题上，西医和中医有着不同的看法。

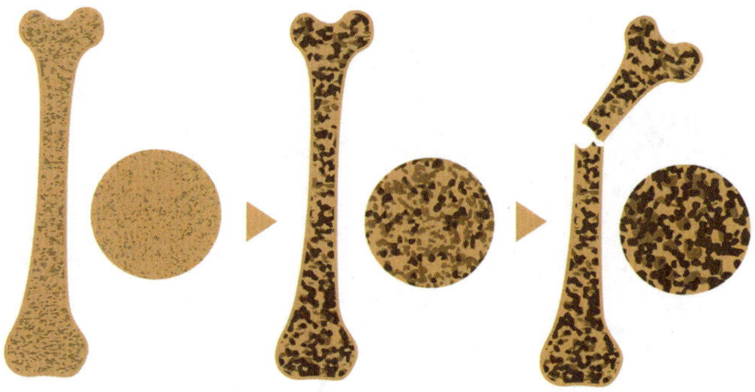

从西医的角度看，骨的形成与钙、成骨细胞、破骨细胞等相关。它们互相协作，才形成了骨骼。成骨细胞与破骨细胞周而复始地工作，不间断地用钙来建造、修复骨骼，使骨量自我们出生后持续增长，到成年时达到骨量峰值，然后开始下降，到老年时达到最低。骨质疏松症一般就出现在人的老年时期。所以西医一般会给出以下建议来养护骨骼：①成年之前要多进行户外运动，刺激成骨细胞增殖，尽可能提高骨量峰值；②保证原料充足，补充骨矿化剂，如钙剂、维生素D和胶原蛋白等；③补充骨吸收抑制剂和骨形成促进剂，以减少骨量流失。

从中医的角度看，骨的生长发育及功能强弱与肾相关。中医常说“肾生骨髓，在体为骨”，意思是说，当肾气亏虚时，骨骼滋养就会不足，人慢慢就会出现骨骼问题。尤其是随着年龄的增长，骨骼问题表现得更为明显，所以中医会用“补肾填精”的思想治疗骨质疏松症。中医一般会提醒人们通过少做或不做损耗肾气的事情来养护骨骼，如：①不要熬夜或作息昼夜颠倒。这些坏习惯会让肾脏得不到休息，损耗肾阴。②脑力劳动者要注意休息。发量稀疏时，说明肾脏已经开始透支了。③“阳化气，阴成形”，骨骼是阴，我们应以滋养肾阴为主，可以选择适当的滋补中药进服。

西医和中医分属不同的医学体系，两者差异较大，从对骨的认识上就可看出一二。

（一）重要医学词语

1. 钙	gài	*n.*	calcium
2. 成骨细胞	chénggǔ xìbāo	*n.*	osteoblast
3. 破骨细胞	pògǔ xìbāo	*n.*	osteoclast
4. 修复	xiūfù	*v.*	to repair
5. 骨量	gǔliàng	*n.*	bone mass
6. 骨质疏松症	gǔzhì shūsōngzhèng	*n.*	osteoporosis
7. 增殖	zēngzhí	*v.*	to proliferate
8. 肾	shèn	*n.*	kidney
9. 骨髓	gǔsuǐ	*n.*	bone marrow
10. 表现	biǎoxiàn	*v.*	to show, to display

（二）阅读材料，回答问题

1. 在骨的生长方面，西医和中医的看法有何不同？

____

____

____

2. 你如何看待骨的生长问题？

____

____

____

自我评估

一、生词知多少

你认识下列词语吗？如果认识，请在词语前的“□”里画“√”；如果不认识，请再复习复习。

□ 颅骨	□ 四肢	□ 上肢	□ 下肢
□ 锁骨	□ 肩胛骨	□ 肱骨	□ 桡骨
□ 尺骨	□ 髋骨	□ 股骨	□ 胫骨
□ 腓骨	□ 骨折	□ 复位	□ 石膏
□ 固定	□ 肢体	□ 事故	□ 处理
□ 移动	□ 包扎	□ 压迫	□ 止血
□ 摔倒	□ 肿	□ 扭伤	□ 敷
□ 核磁共振	□ 影像图	□ 跟腱断裂	□ 拆线
□ 复查	□ 临床	□ 损伤	□ 促进
□ 肌肉	□ 韧带		

掌握了 32 ～ 38 个：非常好，为你点赞！

掌握了 26 ～ 31 个：不错，继续努力！

掌握了 25 个及以下：好好复习，下次加油！

二、你知道怎么说吗？

你知道下列医学表达用在什么场景中吗？请选择合适的场景。

1. 需要复位和石膏固定。（　　）
2. 用硬质物体来固定受伤肢体。（　　）
3. 进行包扎或压迫止血。（　　）
4. 做核磁共振。（　　）
5. 到医院拆线。（　　）

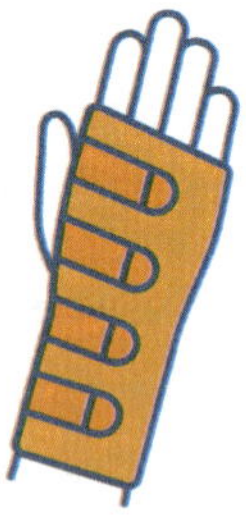

A

B

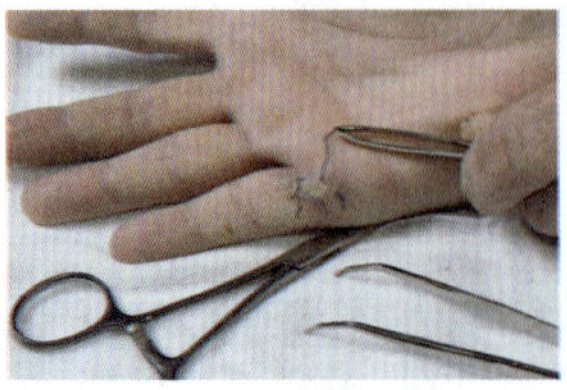

C

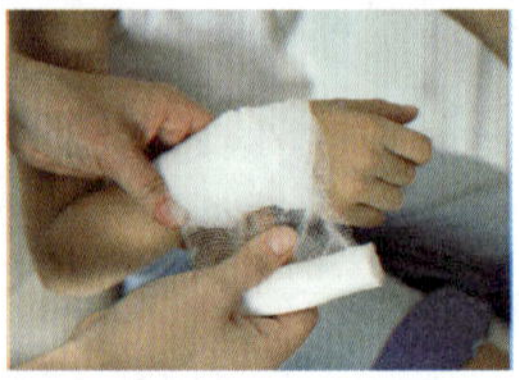

D

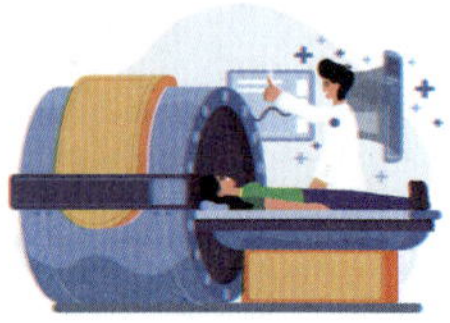

E

第六课

CT 显示阑尾肿胀

主题热身

一、给下列词语选择对应的图片

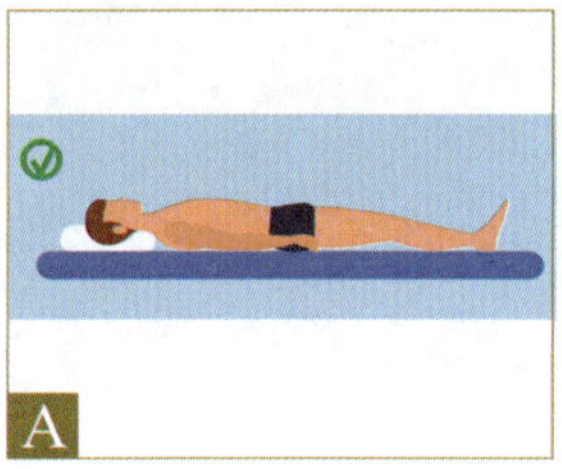
A

B

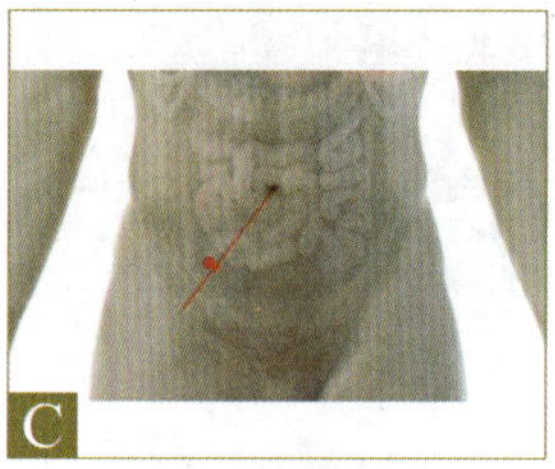
C

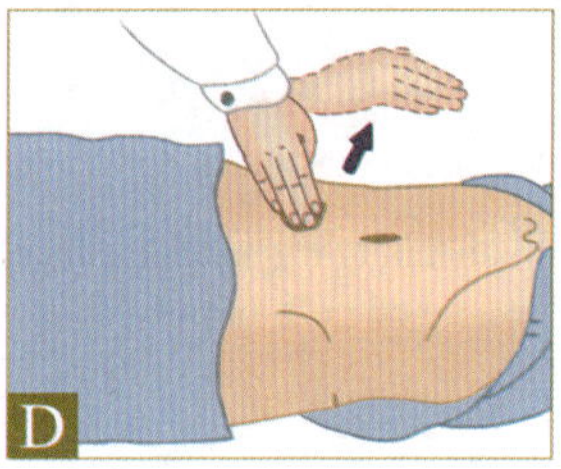
D

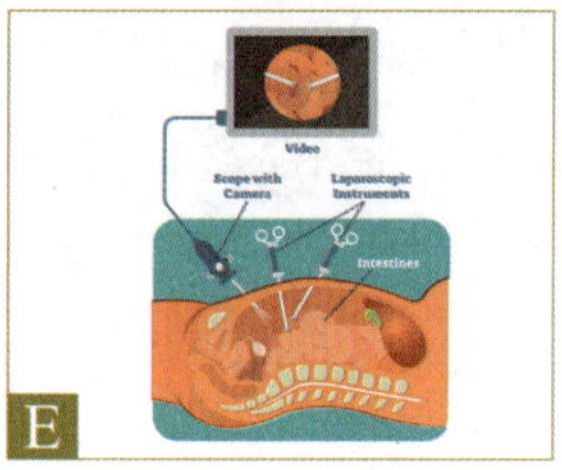
E

F

1. 消毒__________ 2. 麦氏点__________ 3. 平卧__________

4. 阑尾__________ 5. 反跳痛__________ 6. 微创手术__________

二、听对话，选择正确答案

1. 方子明的肚子哪里痛？

   A. 左下方 B. 右上方 C. 右下方

2. 方子明的体温是多少？

   A. 36℃（摄氏度，shèshìdù，Celsius degree）

   B. 37℃ C. 38℃

3. 方子明需要做哪些检查？

   A. 血常规、尿常规、血淀粉酶和 B 超检查

   B. 血常规、尿常规、血淀粉酶和 CT 检查

   C. 血常规、便常规、血淀粉酶和 CT 检查

扫描二维码，获取听力音频

任务学习

任务一　急性阑尾炎的治疗方案

准备

语言点　假设复句：要是……就……

读一读

读句子，选择与句子意思一致的一项

要是做手术，就采用腹腔镜微创手术。

A. 如果做手术，就采用腹腔镜微创手术

B. 因为做手术，所以采用腹腔镜微创手术

C. 虽然要做手术，但是会采用腹腔镜微创手术

学一学

假设复句“要是……就……”的前一分句提出一种假设条件，后一分句说明在这种假设条件下所产生的结果。该结构一般用在口语中。前一分句的“要是……”后可加“的话”，构成“要是……的话”结构。

“要是”和“如果”

辨析

“要是”和“如果”均表示假设，二者可以互换。但在表达意愿时，前者语气强烈，隐含有希望该意愿成为现实的意思，且一般用在口语中；后者仅表示单纯的假设关系，可用在书面语和口语中。

例句

（1）你要是/如果不会游泳，就别到深水区去。

（2）要是/如果他不参加的话，那我们也不参加了。

（3）要是这位医生来做手术，那我就放心了。

练一练

用假设复句“要是……就……”改写句子

（1）你下午有空儿的话，我们就一起去看电影。

____

（2）没有你的帮助，我是不会成功的。

____

（3）这件事如果不及时处理，就会造成不良后果（hòuguǒ，consequence）。

____

示例

- 科室：急诊科（门诊）
- 医生：周亮
- 患者：方子明

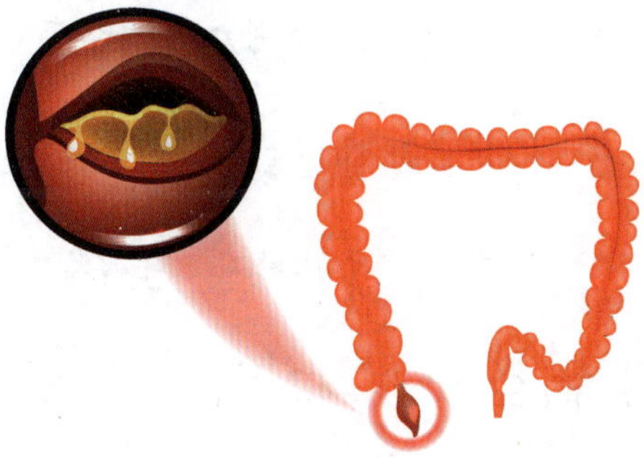

扫描二维码，获取课文和生词音频

（一小时后，检查结果出来了。）

方子明：医生，这是我的检查结果。

周　亮：你的血淀粉酶水平和尿常规结果都没有问题，但是血常规结果显示白细胞和中性粒细胞明显偏高，炎症比较明显。CT 影像显示你的阑尾肿胀，周围有渗出。根据临床症状和检查结果，你得的是急性阑尾炎。我建议你尽快做手术。

生词

1. 血淀粉酶　xuèdiànfěnméi　*n.*　serum amylase
2. 中性粒细胞　zhōngxìng lìxìbāo　*n.*　neutrophil
3. 阑尾　lánwěi　*n.*　vermiform appendix
4. 肿胀　zhǒngzhàng　*v.*　to swell
5. 渗出　shènchū　*v.*　to exude
6. 尽快　jǐnkuài　*adv.*　as quickly as possible

方子明：啊？还要做手术？我不想做手术。能不能保守治疗？吃点儿药、打点儿针什么的[1]。

周　亮：根据检查结果，考虑你得化脓性阑尾炎的可能性比较大。你需要尽快手术，以免穿孔引起腹腔感染。

方子明：那做手术有风险吗？

周　亮：要是做手术，就采用腹腔镜微创手术。这个手术主要是切除病变的阑尾，手术风险不大，而且创伤小，术后恢复也比较快。当然，术后也可能会出现相关的并发症。具体选择哪种治疗方案，你可以先考虑考虑。

（10 分钟后）

方子明：医生，我和家人商量了一下，还是决定做手术。

周　亮：行，那我给你开个入院证，你拿着入院证直接到住院部办理入院手续。

方子明：明白了，谢谢医生。

7 保守 bǎoshǒu *adj.* conservative
8 考虑 kǎolǜ *v.* to consider
9 化脓 huànóng *v.* to fester, to suppurate
10 穿孔 chuānkǒng *v.* to perforate
11 腹腔 fùqiāng *n.* abdominal cavity
12 风险 fēngxiǎn *n.* risk
13 腹腔镜 fùqiāngjìng *n.* laparoscope
14 微创 wēichuāng *n.* minimal invasion
15 切除 qiēchú *v.* to excise, to remove
16 病变 bìngbiàn *v.* to develop a lesion
17 创伤 chuāngshāng *n.* wound
18 恢复 huīfù *v.* to recover
19 相关 xiāngguān *v.* to interrelate, to relate
20 并发症 bìngfāzhèng *n.* complication
21 方案 fāng'àn *n.* scheme, plan
22 办理 bànlǐ *v.* to go through
23 手续 shǒuxù *n.* procedure

Note:

1. 什么的：助词，用在一个或几个并列成分后，表示列举未完，相当于“等等”；一般用在口语中。

活动

答一答

（1）方子明的检查结果怎么样？

（2）方子明最后选择了哪种治疗方案？

说一说

小组讨论：急性阑尾炎在什么情况下可以保守治疗？在什么情况下要进行手术治疗？

疾病	保守治疗的情况	手术治疗的情况
急性阑尾炎		

读一读

读病历记录表，判断正误

姓名：方子明　　性别：男　　年龄：30　　就诊医院：×× 医院

就诊科室：急诊（门）　　就诊时间：××-××-××

主诉：转移性右下腹疼痛一天。

现病史：患者一天前无明显诱因出现脐周疼痛，伴恶心、呕吐，无伴腹泻，有发热（fārè，have a fever），现来我院就诊。患者自发病以来神清，精神尚可。

既往史：无。

体格检查：T：38℃；P：80次/分；R：20次/分；BP：110/70mmHg；右下腹压痛及反跳痛（++）。

辅助检查：血常规、尿常规、血淀粉酶、CT。

初步诊断：急性阑尾炎。

医生签名：周亮

（1）患者转移性右下腹疼痛一天。（　　）

（2）患者右下腹压痛及反跳痛（-）。（　　）

（3）患者被初步诊断为慢性阑尾炎。（　　）

任务二　急性阑尾炎术后护理的注意事项

准备

语言点　目的复句：为了……，……

读一读

读句子，选择与句子意思一致的一项

为了避免出现更严重的并发症，我们马上给他安排了阑尾切除手术。

A. 一出现更严重的并发症，我们就马上给他安排了阑尾切除手术

B. 只要出现更严重的并发症，我们就马上给他安排阑尾切除手术

C. 我们马上给他安排了阑尾切除手术，以免出现更严重的并发症

学一学

目的复句“为了……，……”的前一分句表示所要达到的目的，后一分句说明为达到该目的所采取的行动。“为了”后可接名词性成分、动词性成分或小句。

例句

（1）为了迎接春节的到来，学校举办了迎春晚会。

（2）为了治好他的病，家人带他来到了北京这家医院。

（3）为了孩子能够上一个好大学，家长给孩子报了很多学习班。

练一练

用目的复句“为了……，……”完成句子

（1）____________________，他每天都到球场训练。

（2）____________________，他连家都不回。

（3）____________________，他假期也没回家。

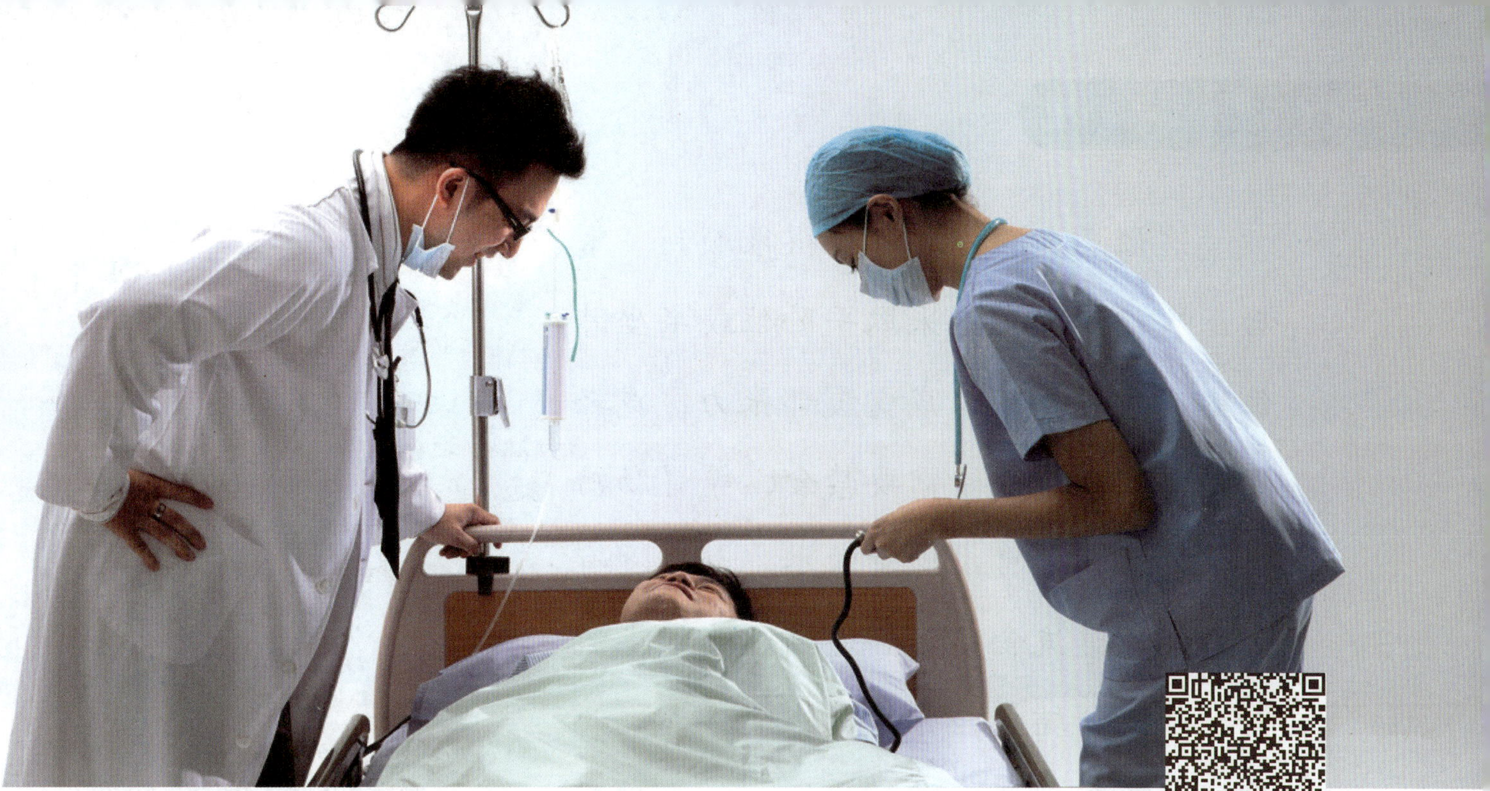

扫描二维码，获取
课文和生词音频

示例

昨晚有一位急性阑尾炎患者紧急入院，他有转移性腹痛、恶心、呕吐和发烧等症状。体格检查发现他的麦氏点有压痛、反跳痛，并且腹肌紧张，这些都是典型的腹膜刺激征象。他在急诊科做了血常规、尿常规、血淀粉酶和CT检查，其中血常规结果显示白细胞和中性粒细胞明显偏高，CT显示阑尾肿胀，周围有渗出。为了避免出现更严重的并发症，我们马上给他安排了阑尾切除手术。

生词

1. 紧急 jǐnjí *adj.* urgent
2. 转移 zhuǎnyí *v.* to metastasize
3. 腹痛 fùtòng *n.* abdominal pain
4. 发烧 fāshāo *v.* to have a fever
5. 体格 tǐgé *n.* physique
6. 麦氏点 màishìdiǎn *n.* McBurney point
7. 压痛 yātòng *n.* pressure pain, tenderness
8. 反跳痛 fǎntiàotòng *n.* rebound tenderness
9. 腹肌紧张 fùjī jǐnzhāng abdominal muscular tension
10. 腹膜刺激征象 fùmó cìjī zhēngxiàng *n.* sign of peritoneal irritation
11. 急诊 jízhěn *n.* emergency treatment

这位患者的手术进行得很顺利。术后，我们建议患者采取平卧位或半坐卧位休息，这样可以减少腹部张力，减轻疼痛。同时，患者需要禁食，等胃肠功能恢复后，才可以少量饮水。如果没有不适，再进流食，之后逐渐过渡到半流食、软食、辅食，并注意少食多餐。此外，为了促进胃肠道功能恢复，我们还鼓励患者术后早期下床活动，这样可以预防并减少肠粘连的发生，同时还可以促进全身血液循环，避免肺部感染及静脉血栓形成。另外，伤口的护理也很重要，要做好伤口的清洁和消毒工作。微创手术的伤口没有普通手术的那么大，一般一周左右可以愈合。

12 采取 cǎiqǔ *v.* to adopt, to take
13 平卧位 píngwòwèi *n.* supine position
14 半坐卧位 bànzuòwòwèi *n.* fowler position
15 张力 zhānglì *n.* stretching force
16 禁食 jìnshí *v.* to fast
17 不适 búshì *adj.* uncomfortable
18 流食 liúshí *n.* liquid food
19 逐渐 zhújiàn *adv.* gradually
20 过渡 guòdù *v.* to transit
21 软食 ruǎnshí *n.* soft food
22 辅食 fǔshí *n.* complementary food
23 少食多餐 shǎoshí duōcān to have more meals a day but less food at each
24 鼓励 gǔlì *v.* to encourage
25 早期 zǎoqī *n.* early stage
26 肠粘连 chángzhānlián *n.* intestinal adhesion
粘连 zhānlián *v.* to adhere
27 全身 quánshēn *n.* whole body
28 静脉血栓 jìngmài xuèshuān *n.* venous thrombosis
29 形成 xíngchéng *v.* to form
30 护理 hùlǐ *v.* to nurse, to take care of
31 清洁 qīngjié *adj.* clean
32 消毒 xiāodú *v.* to disinfect, to sterilize
33 愈合 yùhé *v.* to heal

活动

答一答

（1）什么是腹膜刺激征象？

（2）一般情况下，阑尾微创切除手术后伤口多久可以愈合？

说一说

小组活动： 四人一组，每人轮流以护士的身份向大家介绍急性阑尾炎术后护理的注意事项，其他三人做好记录。

急性阑尾炎术后，患者要注意……

任务操练

实践

两人一组，根据图片场景，使用下列词语，模拟医生和病人之间的对话。

场景提示： 病人因急性阑尾炎入院，医生查房并向病人介绍治疗方案。

参考词语： 急性阑尾炎　　查房　　量体温　　保守治疗　　腹腔镜微创手术　　切除

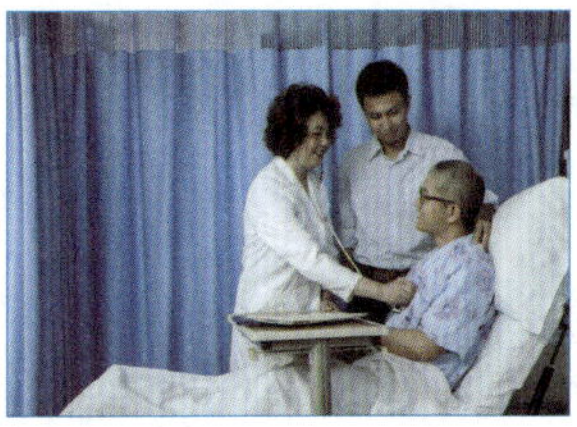
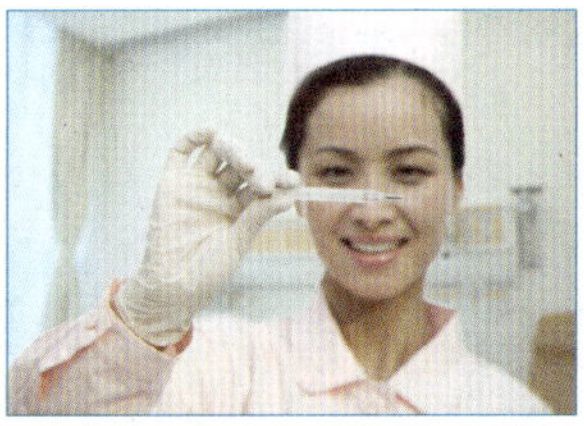
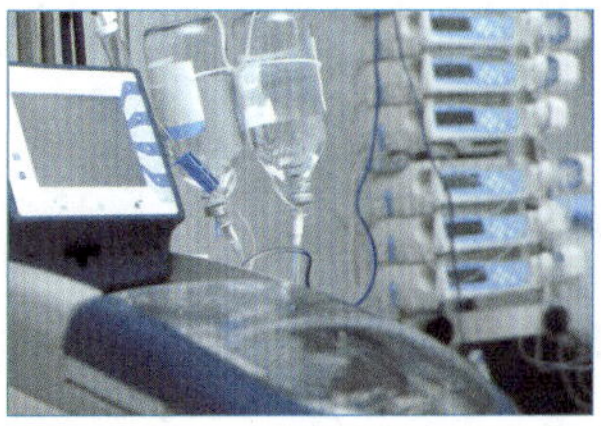
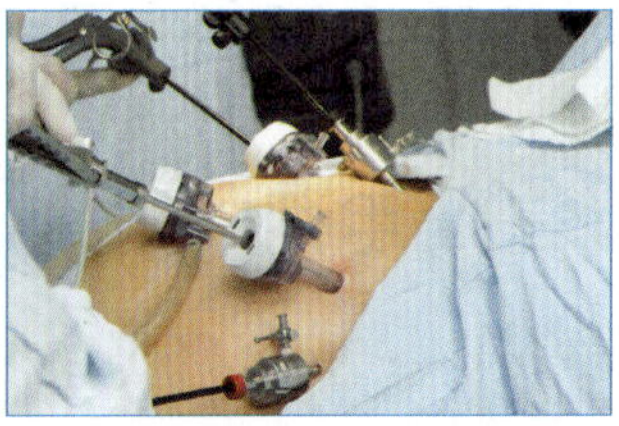

练习

（一）词语搭配

开	伤口	腹肌	感染
护理	阑尾	少量	手续
切除	入院证	肺部	紧张
减轻	疼痛	办理	饮水

（二）选择正确的词语填空

风险　保守　转移　采取　禁食　鼓励　形成　消毒

1. 相同的疾病应根据发病原因的不同（　　）不同的治疗方法。
2. 在事故现场（　　）伤员时，要注意先观察伤员的受伤情况。
3. 手术越复杂，（　　）就越高。
4. 大学毕业后，父亲（　　）我出国留学。
5. 经过商量，患者及其家属决定选择（　　）治疗。
6. 做手术之前一定要听从医生的安排，提前（　　）。
7. 病房一定要保持清洁，注意通风，做好日常（　　）工作。
8. 如果患者长时间卧床（wòchuáng，lie in bed）不起，就很容易（　　）静脉血栓。

（三）组词成句

1. 尽快　医生　他　做　建议　手术

____

2. 先　考虑　哪种　你　一下　选择　治疗方案

____

3. 手术　顺利　那位　进行得　患者的　十分

____

4. 胃肠　患者的　恢复　还没　功能

____

5. 伤口　愈合　微创手术的　很快　一般　就能

____

（四）用指定词语或结构完成对话

1. A：这次比赛你得了第一名，你有什么想说的吗？

   B：我想感谢我的朋友，________________________。（要是……就……）

2. A：刘医生，你对这名患者的治疗方案有什么看法？

   B：________________________，所以我不建议进行手术治疗。（显示）

3. A：你爸爸经常锻炼身体吗？

   B：是的。________________________，他已经坚持跑步 10 多年了。（为了……）

4. A：妈，爸刚做了手术，正需要补充营养，光吃面条儿怎么行呢？

   B：医生说了，________________________。（什么的）

5. A：孩子怎么又住院了？这次病情严重吗？

   B：不用太担心，________________________。（A 没有 B + 形容词）

（五）阅读语段，选择与语段意思一致的一项

1. 阑尾切除手术后，患者的住院时间需要根据手术情况和术后恢复情况决定。如果手术过程顺利，术后也无并发症，那么患者在肠道功能恢复，可以进食和排气

（páiqì，expel flatus）后就可以出院了；如果术后出现并发症，如伤口感染等，住院时间就会延长。

A. 阑尾切除手术一般比较顺利

B. 患者可以进食和排气就说明胃肠功能恢复了

C. 手术后一般不会出现伤口感染

2. 腹腔镜手术是一种微创手术。这种手术的伤口较小，患者在术后疼痛较轻，可以在早期就下床活动，并能得到充分休息，所以身体康复较快。理论上，腹腔镜手术和传统开腹手术的治疗效果是相同的。无论哪种手术方式，都需要根据患者的病情、医院的医疗条件、医生的技术水平等因素去选择。

A. 腹腔镜手术的伤口好得更快

B. 腹腔镜手术的治疗效果更好

C. 选择具体手术方式时需考虑多方面的因素

（六）请根据“任务一”中的示例内容，简要描述患者的主要症状、诊断情况及治疗方案

____

____

____

____

____

____

拓展学习

一、词汇

“黏”和“粘”

“黏”读“nián”，做形容词，表示能使一种东西附着在另一种东西上的性质。“粘”一般用作动词，读“zhān”，指用黏性物把物体连接起来。

易混淆词	医学词汇
黏	黏膜、全血黏度（whole blood viscosity）
粘	粘连

二、阅读

阑尾是人体中的无用器官吗？

阑尾是从大肠的起始段盲肠部分延伸出来的蠕虫状管。在相当长的一段时间内，它一直被认为是人类进化中的无用器官，因为每 10 万人中就有 1 人天生没有阑尾。阑尾还经常出现炎症。调查显示，差不多每

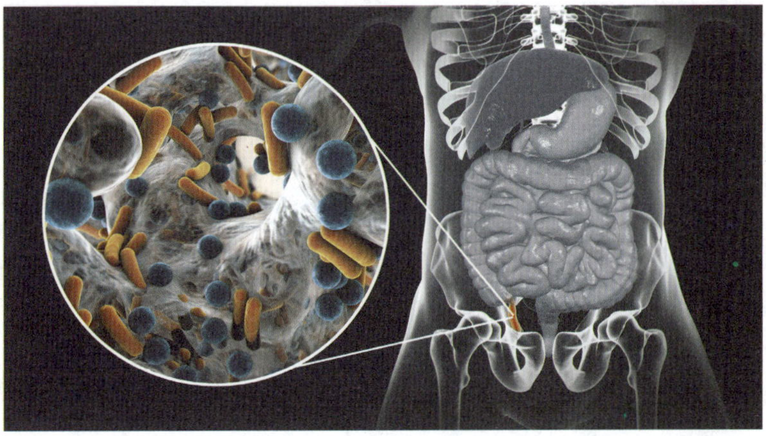

20 人中就会有 1 人患上阑尾炎。阑尾炎所引发的并发症，有时会致命。那么，阑尾真的是人体中的无用器官吗?

进化论认为，远古时期，人类祖先主要以植物为食，阑尾是用来消化植物中的粗纤维的，比如树根等。随着人类逐渐开始进食较易消化的食物，我们的消化系统也有了相应的进化，即之前较大的盲肠变小，留下了阑尾这个退化器官。

现代科学认为，阑尾并非一无是处，它起着保护肠道有益菌的作用。人体肠道中有数万亿的有益菌，它们帮助消化食物，是肠道发挥正常功能所必需的。然而，在腹泻之后，肠道中的有益菌会被排出体外，只有阑尾中的有益菌会被保留，这得益于其所处的特殊位置。腹泻被治愈之后，阑尾就会给肠道提供有益菌，从而使肠道功能恢复正常。另外，阑尾内表层还特别适合这些有益菌繁殖，因为这里会产生一种特殊的蛋白质，这种蛋白质会将有益菌聚集在一起并将它们粘在黏液层上。现代科学还发现，阑尾拥有较高浓度的淋巴组织，淋巴组织会产生淋巴细胞，这种白细胞有助于增强人体免疫力。

随着现代科学研究的进一步深入，人类对自身这一“无用器官”将会有更多的认识。

（一）重要医学词语

1. 盲肠	mángcháng	*n.*	cecum
2. 繁殖	fánzhí	*v.*	to reproduce
3. 浓度	nóngdù	*n.*	concentration, density
4. 淋巴组织	línbā zǔzhī	*n.*	lymphatic tissue
5. 淋巴细胞	línbā xìbāo	*n.*	lymphocyte

（二）阅读材料，回答问题

1. 阑尾为什么能保护肠道有益细菌？

____

____

____

2. 阑尾是无用器官吗？请谈谈你的看法。

____

____

____

自我评估

一、生词知多少

你认识下列词语吗？如果认识，请在词语前的“□”里画“√”；如果不认识，请再复习复习。

☐ 血淀粉酶	☐ 中性粒细胞	☐ 阑尾	☐ 肿胀	☐ 化脓
☐ 穿孔	☐ 腹腔	☐ 渗出	☐ 尽快	☐ 保守
☐ 切除	☐ 风险	☐ 腹腔镜	☐ 微创	☐ 病变
☐ 创伤	☐ 恢复	☐ 并发症	☐ 方案	☐ 办理
☐ 紧急	☐ 转移	☐ 发烧	☐ 体格	☐ 麦氏点
☐ 压痛	☐ 反跳痛	☐ 腹肌紧张	☐ 急诊	☐ 腹膜刺激征象
☐ 采取	☐ 张力	☐ 禁食	☐ 早期	☐ 肠粘连
☐ 静脉血栓	☐ 形成	☐ 护理	☐ 消毒	☐ 愈合

掌握了 34 ～ 40 个：非常好，为你点赞！

掌握了 27 ～ 33 个：不错，继续努力！

掌握了 26 个及以下：好好复习，下次加油！

二、你知道怎么说吗？

你知道下列医学表达用在什么场景中吗？请选择合适的场景。

1. CT 影像显示……　（　　）
2. 你需要尽快手术。　（　　）
3. 采用腹腔镜微创手术。　（　　）
4. 我给你开个入院证。　（　　）
5. 采取平卧位或半坐卧位休息。　（　　）

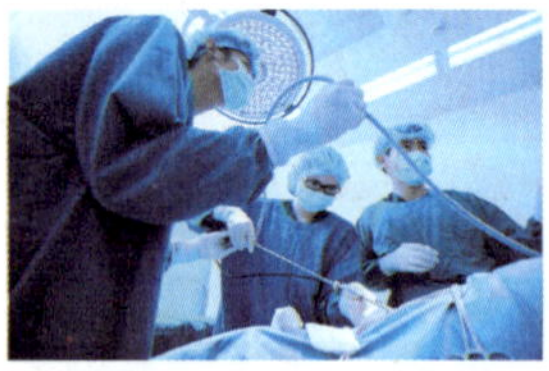

A

B

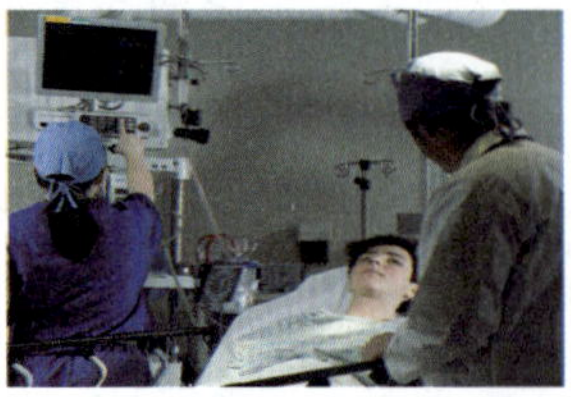

C

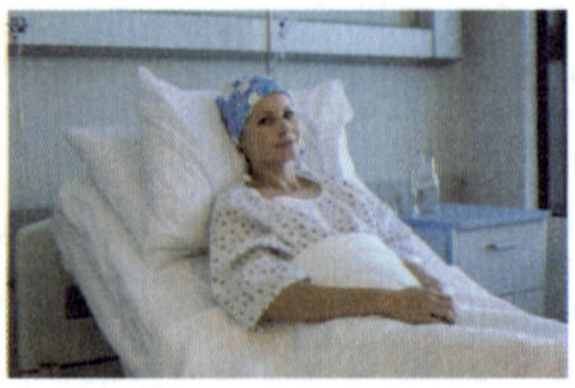

D

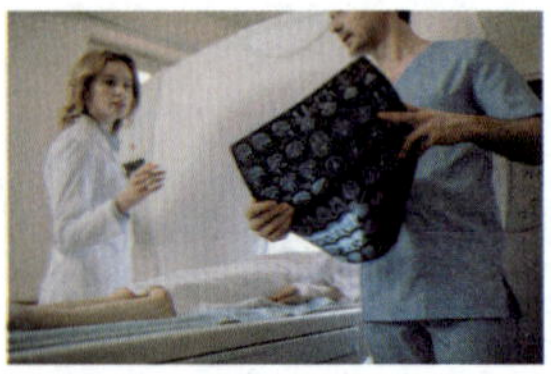

E

第七课

大的结石像鸡蛋似的

主题热身

一、将下列词语填到对应的位置

肝脏　　胃　　小肠　　十二指肠　　阑尾　　胆囊　　大肠　　胰腺（yíxiàn，pancreas）

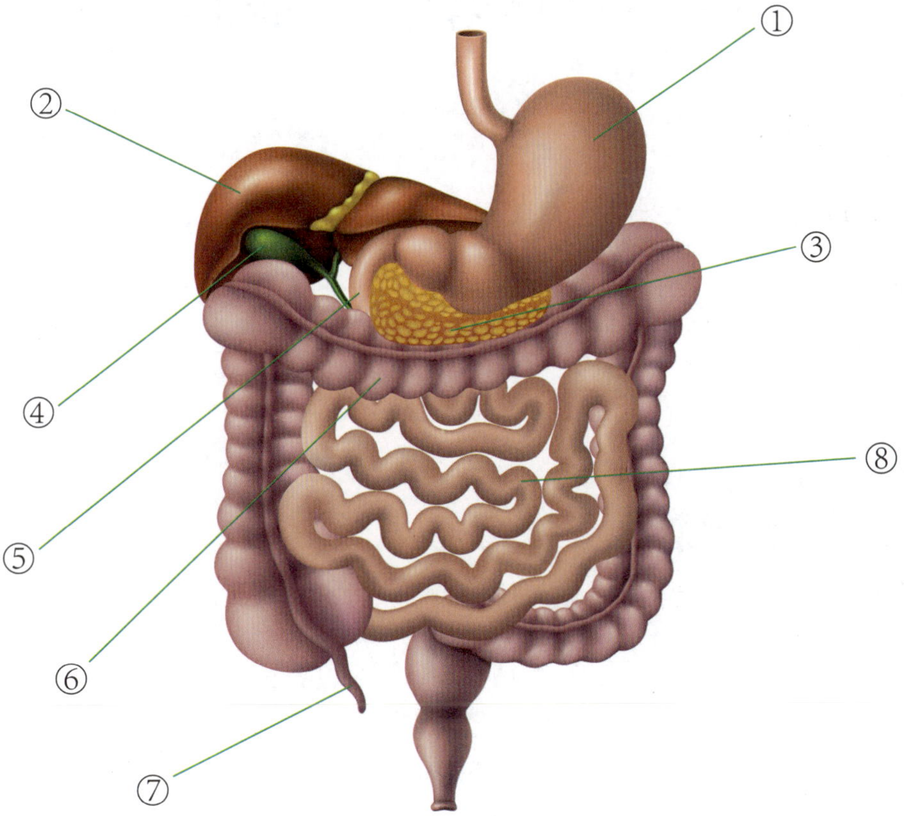

①＿＿＿＿＿＿　②＿＿＿＿＿＿　③＿＿＿＿＿＿　④＿＿＿＿＿＿

⑤＿＿＿＿＿＿　⑥＿＿＿＿＿＿　⑦＿＿＿＿＿＿　⑧＿＿＿＿＿＿

二、听对话，选择正确答案

1. 胆囊结石超过多少厘米需要做手术？

   A. 2 厘米　　B. 3 厘米　　C. 4 厘米

2. 女的做了什么检查？

   A. CT　　B. MRI　　C. B 超

3. 女的做没做手术？

   A. 做了　　B. 没做　　C. 不知道

扫描二维码，获取听力音频

任务学习

任务一　胆囊结石病人的问诊

准备

语言点　固定短语：一般来说

读一读

读句子，选择与句子意思一致的一项

一般来说，一个星期左右（能出院）。

A. 对一般人来说，一个星期左右（能出院）

B. 一般人说，一个星期左右（能出院）

C. 在一般情况下，一个星期左右（能出院）

学一学

固定短语“一般来说”表示所说的情况具有通常性和普遍性，常常用在句首，修饰全句。

例句

（1）一般来说，这个症状一到两周后就会消失。

（2）一般来说，老年人的想法要比年轻人更保守一些。

（3）一般来说，小的结石不需要做手术，定期复查就可以。

练一练

用“一般来说”改写句子

（1）老师们一般都会按时下课。

____

（2）喜欢读书的人通常作文也写得不错。

____

（3）他周末常常会睡到中午才起床。

____

示例

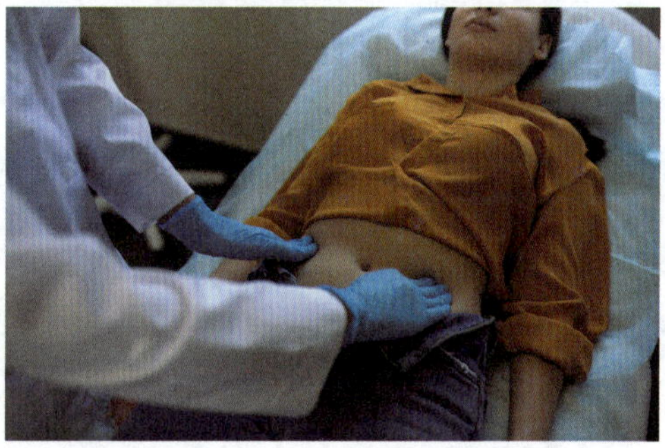

- 科室：肝胆外科（门诊）
- 医生：胡迪
- 患者：马月

扫描二维码，获取课文和生词音频

胡迪：你好！你哪里不舒服？

马月：医生，我肚子痛[1]得很。

胡迪：是从什么时候开始的？

马月：昨天吃过晚饭以后开始痛的，痛得我一晚上都没睡着。

胡迪：是什么样的痛？

马月：一开始是隐痛，后来越来越严重，就变成了绞痛。

胡迪：是哪个部位痛？上腹还是下腹？

马月：上腹，右边一点儿，还有右肩和腰背也痛。

生词

1. 隐痛　yǐntòng　*n.*　dull pain
2. 绞痛　jiǎotòng　*adj.*　colic, anginal
3. 肩　jiān　*n.*　shoulder
4. 腰　yāo　*n.*　waist

胡迪：以前这样痛过吗？

马月：没有。

胡迪：还有别的症状吗？比如恶心、呕吐、腹泻、发烧什么的。

马月：都没有。

胡迪：你以前得过什么病吗？

马月：我有胆囊结石，去年体检时查出来的，不过医生说我的胆囊结石比较小，定期复查就可以了。

胡迪：你先躺下，我给你检查一下。双腿弯曲，放松。这里痛不痛？

马月：不痛。

胡迪：这里呢？

马月：好痛！

胡迪：你的胆囊肿大，有触痛。结合你有胆囊结石的病史，我判断有可能是结石的大小或者数量发生了变化。你先去做个腹部 B 超。

（1 小时后）

马月：医生，这是我的 B 超结果。

胡迪：你的胆囊里有多颗结石，最大的

5 胆囊 dǎnnáng *n.* gall bladder
6 结石 jiéshí *n.* stone, calculus
7 体检 tǐjiǎn *v.* to have a physical exam
8 躺 tǎng *v.* to lie
9 弯曲 wānqū *adj.* bent
10 肿大 zhǒngdà *adj.* swollen
11 触痛 chùtòng *n.* touched pain
12 结合 jiéhé *v.* to combine, to link
13 B 超 B chāo *n.* B-scan ultrasonography
14 颗 kē *m.* a measure word used to indicate sth. granular

直径已经有 3～4 厘米[2]了。

马月：那应该怎么治疗呢？

胡迪：我建议你尽快手术，切除胆囊。

马月：不能保守治疗吗？

胡迪：你的症状很明显，结石也比较大。根据你的病情，胆囊切除术是最合适的治疗方法。

马月：如果做手术的话，多长时间能出院？

胡迪：一般来说，一个星期左右。你不用担心，这种手术创伤小，术后恢复也比较快。

马月：好的，那麻烦您尽快帮我安排手术。

15 直径 zhíjìng *n.* diameter

16 厘米 límǐ *m.* centimeter

17 病情 bìngqíng *n.* state of an illness

18 担心 dānxīn *v.* to worry

Note:

1. "痛"和"疼"："痛"和"疼"意思相近，区别主要在固定搭配和使用习惯上。
2. 常见的长度单位：

微米	wēimǐ	micron	μm
毫米	háomǐ	millimeter	mm
厘米	límǐ	centimeter	cm
分米	fēnmǐ	decimeter	dm
米	mǐ	meter	m
千米	qiānmǐ	kilometer	km

活动

答一答

（1）马月病了，她有什么症状？

（2）医生建议马月怎样治疗？

说一说

小组讨论：胆囊结石在什么情况下可以保守治疗？在什么情况下要进行手术治疗？

疾病	保守治疗的情况	手术治疗的情况
胆囊结石		

读一读

读病历记录表，判断正误

姓名：马月　　性别：女　　年龄：45
就诊医院：×× 医院　　就诊科室：肝胆外科（门）
就诊时间：××-××-××

主诉：右上腹绞痛，肩部和腰背部放射痛一天。
现病史：患者一天前无明显诱因出现右上腹绞痛，阵发性加剧，并向右肩及腰背部放射，无恶心、呕吐，无腹泻，无发热，现来我院就诊。患者自发病以来神清，精神尚可。
既往史：胆囊结石。
体格检查：T：36.5℃；P：80 次 / 分；R：20 次 / 分；BP：100/80mmHg；胆囊肿大，有触痛。
辅助检查：血常规、B 超。
初步诊断：胆囊结石。

医生签名：胡迪

（1）患者右下腹绞痛一天。　（　　）
（2）患者胆囊肿大，有触痛。　（　　）
（3）患者被初步诊断为胆囊结石。　（　　）

任务二　疾病介绍：胆囊结石

准备

语言点1　递进复句：……，甚至……

读一读

读句子，选择与句子意思一致的一项

她还特别喜欢吃甜甜圈，平均一天吃三个，有时甚至吃五六个。

A. 她还特别喜欢吃甜甜圈，平均一天吃三个，有时还吃五六个

B. 她还特别喜欢吃甜甜圈，平均一天吃三个，有时最少吃五六个

C. 她还特别喜欢吃甜甜圈，平均一天吃三个，有时至少吃五六个

学一学

递进复句"……，甚至……"的后一分句所表达的意思比前一分句更进一层，整个句子通过强调后一分句突出所要表达的意思。

例句

（1）图书馆里很安静，甚至都能听见翻书声。

（2）这里的冬天一点儿都不冷，甚至穿裙子出门都没问题。

（3）他经常一个人坐着想问题，有时甚至一坐坐一天。

练一练

用递进复句"……，甚至……"完成句子

（1）他病得很严重，____________________。

（2）这一次她非常生气，____________________。

（3）今天的雪下得太大了，____________________。

语言点 2 助词：似的

读一读

读句子，选择与句子意思一致的一项

大的结石像鸡蛋似的，小的像沙子似的。

A. 大的结石和鸡蛋相同，小的和沙子相同

B. 大的结石跟鸡蛋一样小，小的跟沙子一样大

C. 大的结石跟鸡蛋一样大，小的跟沙子一样小

学一学

助词“似的”表示某种事物或情况跟另一种事物或情况在某方面相似，一般用在“好像 / 像 / 跟……似的”结构中，主要用于书面语。

例句

（1）她今天看起来特别漂亮，好像换了个人似的。

（2）他的脸白得像纸似的。

（3）这里的水很甜，跟加了糖似的。

练一练

用“似的”完成句子

（1）他太饿了，端起一碗饭就大口吃了起来，____________________。

（2）她最近把坏习惯都改掉了，____________________。

（3）这几天他精神特别不好，____________________。

示例

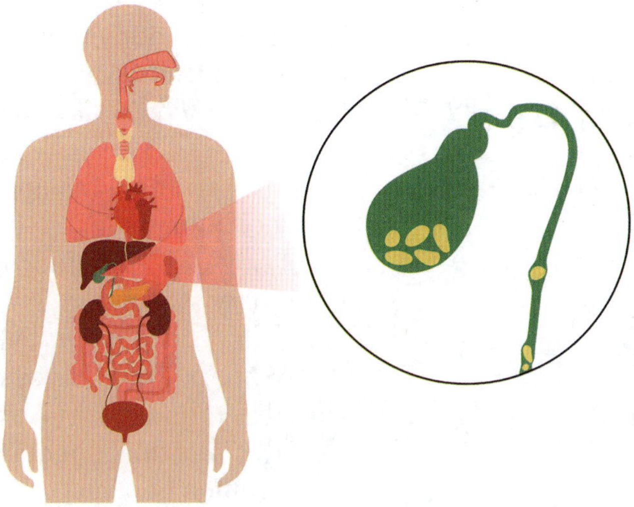

扫描二维码，获取
课文和生词音频

王女士是一名网站编辑，平时工作很忙，三餐不定，饿了就叫点儿外卖，吃点儿炸鸡、薯条等高脂肪食品。她还特别喜欢吃甜甜圈，平均一天吃三个，有时甚至吃五六个。除此以外，她还不喜欢喝水，渴了就喝点儿咖啡、奶茶什么的。再加上作息不规律，久而久之，她就得了胆囊结石。

胆囊是人体重要的消化器官，有储存、浓缩、排出胆汁等功能。饮食不规律或过多摄入高脂肪、高胆固醇食物都有可能诱发胆囊结石，引发胆囊炎，甚至癌变。除了不良的饮食习惯外，体质肥胖、喜静少动[1]、女性妊娠、

生词

1. 女士　nǚshì　*n.*　lady, miss
2. 编辑　biānjí　*n.*　editor
3. 三餐不定　sān cān búdìng　to have meals irregularly
4. 炸鸡　zhájī　*n.*　fried chicken
5. 薯条　shǔtiáo　*n.*　chips
6. 甜甜圈　tiántiánquān　*n.*　doughnut
7. 平均　píngjūn　*v.*　to average
8. 甚至　shènzhì　*conj.*　so far as to
9. 加上　jiāshàng　*conj.*　in addition
10. 作息　zuòxī　*v.*　to work and rest
11. 规律　guīlǜ　*n./adj.*　regularity; regular
12. 久而久之　jiǔ'érjiǔzhī　as time passes
13. 消化器官　xiāohuà qìguān　digestive organ
    消化　xiāohuà　*v.*　to digest
    器官　qìguān　*n.*　organ
14. 储存　chǔcún　*v.*　to store
15. 浓缩　nóngsuō　*v.*　to concentrate
16. 排出　páichū　to discharge
17. 胆汁　dǎnzhī　*n.*　bile
18. 胆固醇　dǎngùchún　*n.*　cholesterol
19. 引发　yǐnfā　*v.*　to cause
20. 癌变　áibiàn　*v.*　to cancerate
21. 体质　tǐzhì　*n.*　physique
22. 女性　nǚxìng　*n.*　woman
23. 妊娠　rènshēn　*v.*　to be pregnant

糖尿病、高脂血症、肝硬化等因素也可能诱发胆囊结石。

胆囊结石是胆石病的一种。胆石病是胆道系统某一部位发生结石的疾病。根据结石发生的部位，胆石病还包括胆总管结石、肝胆管结石和上述多部位同时并发结石。其中，胆囊结石的症状跟结石大小、部位和有无阻塞[2]等因素有关。胆囊内的结石有的大，有的小。大的结石像鸡蛋似的，小的像沙子似的。较大的结石可能会引起上腹部不适、消化不良等症状，较小的结石在进食过多或过于油腻后可能会引起胆绞痛。另外，在胆囊收缩时，较小的结石有可能通过胆囊管进入胆总管而引发梗阻性黄疸。

治疗胆囊结石，临床上有多种方法，比如服药溶石、药物排石、体外震波碎石、保胆取石手术、胆囊切除手术等。医生会根据患者的具体情况选择合适的治疗方案。

24 高脂血症 gāozhīxuèzhèng *n.* hyperlipidemia
25 肝硬化 gānyìnghuà *n.* liver cirrhosis
26 因素 yīnsù *n.* element, factor
27 胆石病 dǎnshíbìng *n.* cholelithiasis
28 胆道系统 dǎndào xìtǒng biliary system
胆道 dǎndào *n.* biliary tract
系统 xìtǒng *n.* system
29 包括 bāokuò *v.* to include
30 胆总管 dǎnzǒngguǎn *n.* common bile duct
31 上述 shàngshù *adj.* above-mentioned
32 阻塞 zǔsè *v.* to choke, to block
33 似的 shìde *part.* as, like
34 油腻 yóunì *adj.* greasy, oily
35 收缩 shōusuō *v.* to shrink
36 胆囊管 dǎnnángguǎn *n.* cystic duct
37 梗阻性黄疸 gěngzǔxìng huángdǎn obstructive jaundice
黄疸 huángdǎn *n.* jaundice
38 溶石 róng shí to dissolve the urinary calculus
39 药物 yàowù *n.* medicine
40 排石 pái shí to remove the urinary calculus
41 体外震波碎石 tǐwài zhènbō suìshí extracorporeal shock-wave lithotripsy

Note:

1. 喜静少动：喜欢安静，缺少运动。
2. 塞：做动词时，一般读“sāi”，如“塞满箱子”；读“sè”时，仅用于部分词语中，如“阻塞”。读音不同但意思相同。

活动

答一答

（1）诱发胆囊结石的原因有哪些？

（2）胆囊结石的治疗方法有哪些？

说一说

小组活动：四人一组，每人轮流以护士的身份向大家介绍胆囊结石，其他三人做好记录。

胆囊是人体重要的消化器官，有……

任务操练

实践

两人一组，根据图片场景，使用下列词语，模拟医生和病人之间的对话。

场景提示：病人因腹痛就诊，医生问诊并向病人介绍治疗方案。

参考词语：腹痛　　问诊　　体格检查　　胆囊结石　　保守治疗　　切除手术

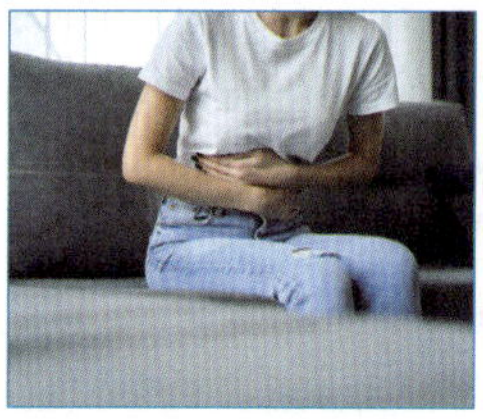
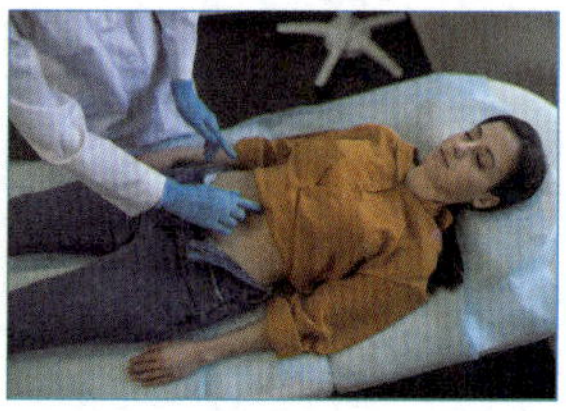
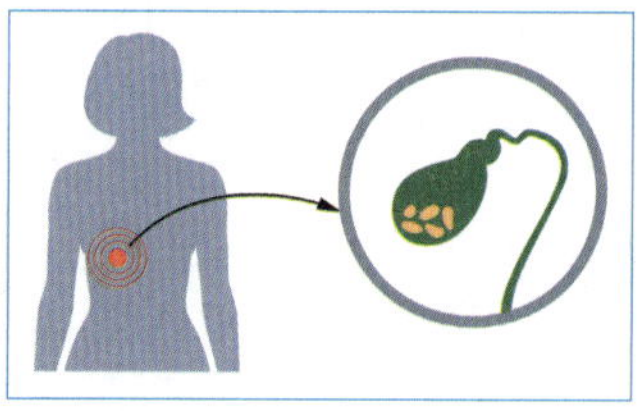
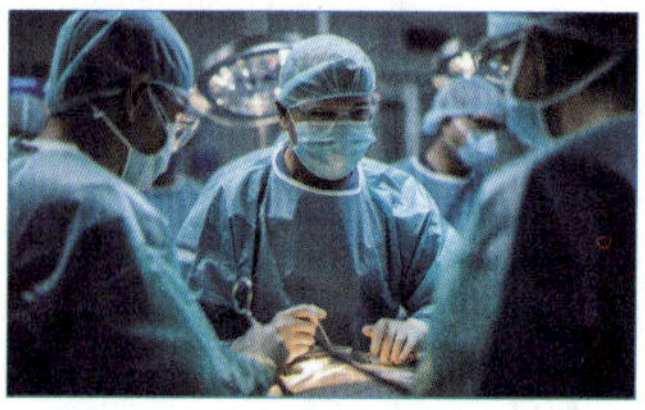

练习

（一）词语搭配

双腿	食物	作息	肥胖
引发	弯曲	胆囊	规律
摄入	治疗	症状	肿大
保守	炎症	体质	明显

（二）选择正确的词语填空

放松　癌变　因素　阻塞　储存　排石　妊娠　绞痛

1. 腹泻并不一定是因为吃坏了肚子，也有可能是其他（　　）引起的。
2. 按照要求，这种食物需要放在冰箱里（　　）。
3. 在（　　）早期，女性体温轻度上升是正常现象。
4. 胃溃疡如果得不到及时治疗，就有可能引发（　　）。
5. 最近工作压力很大，周末我要好好（　　）一下。
6. 胆囊内的结石有可能进入胆总管，从而引发胆总管（　　）。
7. 昨天我出去跑步，跑了一会儿下腹就开始（　　），只好停下来休息。
8. 如果体内结石较大，最好及时去医院治疗，不要自己通过运动的方式（　　）。

（三）组词成句

1. 体检　胆囊结石　他　显示　结果　患有

____

2. 恢复　　患者　　得　　术后　　比较快　　这位

____

3. 不规律　　健康　　影响　　作息　　会　　身体

____

4. 可能会　　不良的　　诱发　　胆石病　　习惯　　饮食

____

5. 是　　方法　　服药溶石　　一种　　治疗　　结石的

____

（四）用指定词语或结构完成对话

1. A：医生，孩子的感冒严重吗？

   B：别担心，这只是普通感冒，________________。（一般来说）

2. A：最近工作太忙了，天天加班，有时________________。（甚至）

   B：我们都已经不年轻了，还是要注意身体啊。

3. A：你跟他认识很久了吗？

   B：没有，才认识半年，不过我们第一次见面就聊得很开心，________________ ________________。（好像／像／跟……似的）

4. A：新房子收拾好了，明天我就准备搬过去了。

   B：我明天不上班，________________。（如果……的话，……）

5. A：昨天下午你们去哪儿玩儿了？

   B：我们________________。（一开始……，后来……）

（五）阅读语段，选择与语段意思一致的一项

1. 结石患者在饮食上要避免暴饮暴食（bàoyǐn-bàoshí，eat and drink too much at one meal），避免摄入过多的高盐、高脂肪、高蛋白类食物，平时要多吃新鲜蔬菜、

水果、粗粮和奶制品等，还要保证足够的饮水量；同时应该多运动，控制体重，定期复查或体检。一般来说，只要积极预防，就能减少结石的形成。

A. 结石患者不能吃高蛋白类食物

B. 摄入足够的水分对预防结石有帮助

C. 积极预防可以避免结石的形成

2. 有研究表明，胆囊结石与长期不吃早餐有关系。当我们进食时，胆囊中储存的胆汁会参与消化；当我们睡觉时，胆囊仍会积蓄胆汁。如果我们不吃早餐，胆汁就发挥不了作用，胆囊中的胆汁浓度就会增加。长期这样下去，就会增加患胆囊结石的风险。不过，这并不能说明不吃早餐一定会导致胆囊结石。

A. 不吃早餐的人都有胆囊结石

B. 人在睡觉时胆囊也在休息

C. 不吃早餐不一定会导致胆囊结石

（六）请根据“任务一”中的示例内容，简要描述患者的主要症状、诊断情况及治疗方案

拓展学习

一、词汇

“～化”和“～变”

构词语素“～化”和“～变”都可以构成动词，表示事物性质、形态的变化。前者常与形容词搭配，如“硬化”，使物体由软变硬；也可与名词、动词搭配，如“氧化”“孵化”。后者一般与名词搭配，如“癌变”，指正常细胞变成癌细胞。

易混淆语素	医学词汇
化	肝硬化、软化、雾化、系统性硬化病、恶化
变	癌变、病变

二、阅读

小小结石早预防

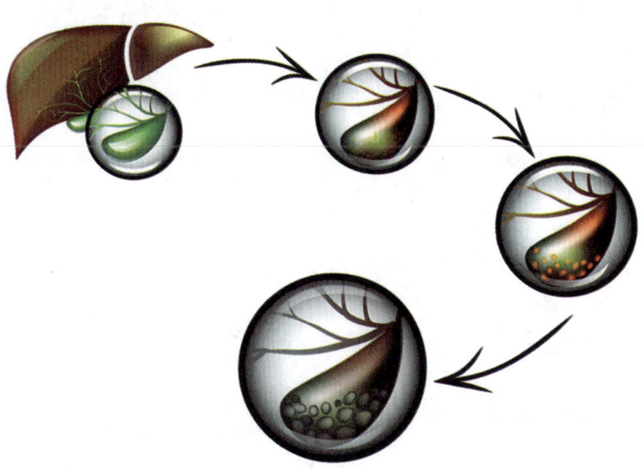

结石是人体内的一种病理产物，主要出现在导管腔或腔性器官的腔内，呈固体块状。调查显示，近些年结石的发病人群呈现年轻化趋势，并且以年轻上班族居多。究其原因，发病人群年轻化与当今年轻人的生活习惯密切相关，主要表现在以下三个方面：

第一，不吃早餐。经过一夜的睡眠，胆汁在胆囊中浓缩。不吃早餐，浓缩的胆汁就不能及时排出进入肠道。胆汁在胆囊内长期淤积，就可能诱发胆结石。

第二，经常熬夜。经常熬夜会削弱肾脏的排毒功能，致使一些物质沉淀在肾脏内部，无法排出，然后慢慢堆积形成结石。经常熬夜还会导致肝脏功能受损，使肝脏分泌的胆汁中的胆固醇浓度升高，高浓度的胆固醇在胆囊内沉淀，会产生结石。

第三，运动少、喝水少。很多上班族长时间坐在办公室，缺乏运动，有时工作太忙，一天都不喝一次水。运动少不利于对钙质的吸收，钙质会从骨骼流入血液，进而进入尿液中，使尿液中的钙盐成分增加。喝水少会使尿液中的钙盐浓度升高，导致尿液中的钙盐等矿物晶体析出沉积，形成结石。

医学界一般认为，早预防是降低结石发病率的关键，而预防的关键在于养成良好的生活习惯。例如：

第一，按时吃早餐，饮食健康规律。高蛋白、高糖和高脂肪饮食都会增加形成结石的风险，平时我们应多吃些粗粮和素食。

第二，不熬夜。良好的作息习惯能起到保护肝脏和肾脏的作用，减少脏内杂质堆积。

第三，多喝水、多运动。提高水分的摄取量，可以稀释尿液，防止高浓度的钙盐类矿物质沉积成结石；多运动有助于对钙质的吸收，使钙质聚集在骨内，降低钙质流失。

（一）重要医学词语

1. 导管	dǎoguǎn	*n.*	duct
2. 堆积	duījī	*v.*	to cumulate
3. 尿液	niàoyè	*n.*	urine
4. 素食	sùshí	*n.*	vegetarian diet

（二）阅读材料，回答问题

1. 为什么结石的高发人群越来越年轻？

____

____

____

2. 哪些生活习惯可以预防结石的形成？

____

____

____

自我评估

一、生词知多少

你认识下列词语吗？如果认识，请在词语前的“□”里画“√”；如果不认识，请再复习复习。

□ 隐痛	□ 绞痛	□ 腰	□ 肩
□ 胆囊	□ 结石	□ 直径	□ 病情
□ 消化器官	□ 胆汁	□ 胆固醇	□ 引发
□ 癌变	□ 体质	□ 妊娠	□ 肝硬化
□ 高脂血症	□ 因素	□ 胆石病	□ 胆道系统
□ 阻塞	□ 收缩	□ 胆囊管	□ 胆总管
□ 梗阻性黄疸	□ 溶石	□ 药物	□ 排出
□ 体外震波碎石			

掌握了 26 ～ 29 个：非常好，为你点赞！

掌握了 22 ～ 25 个：不错，继续努力！

掌握了 21 个及以下：好好复习，下次加油！

二、你知道怎么说吗？

你知道下列医学表达用在什么场景中吗？请选择合适的场景。

1. 你先躺下，我给你检查一下。（　　）
2. 双腿弯曲，放松。（　　）
3. 你的胆囊肿大，有触痛。（　　）
4. 你的胆囊里有多颗结石。（　　）
5. 胆囊切除术是最合适的治疗方法。（　　）

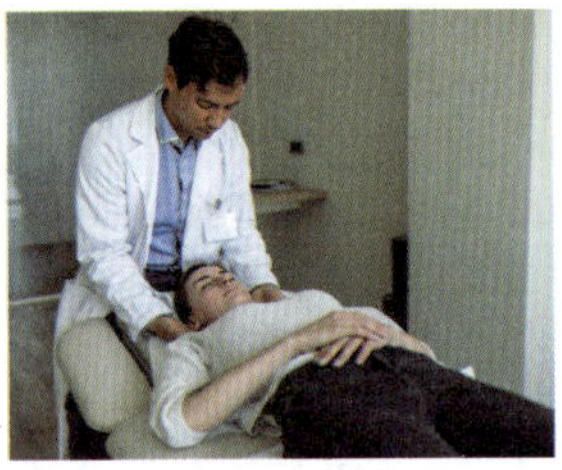

A

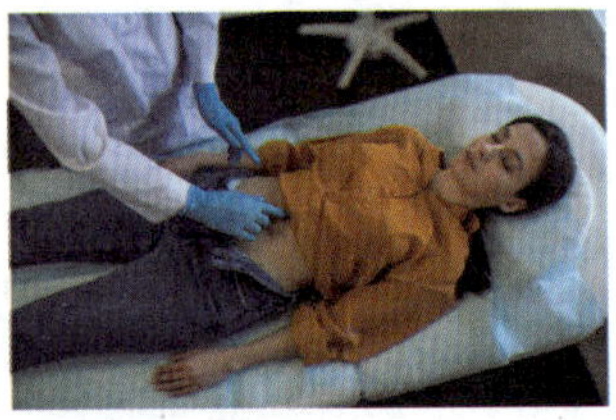

B

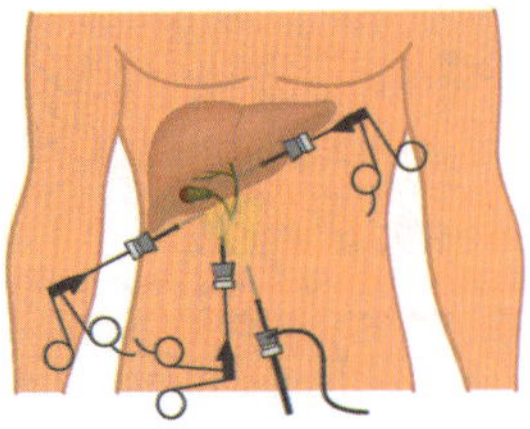

C

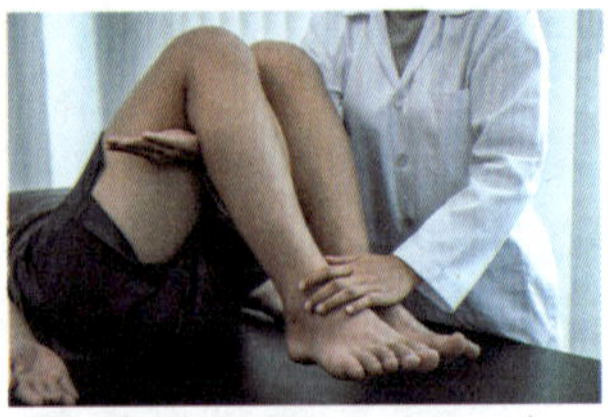

D

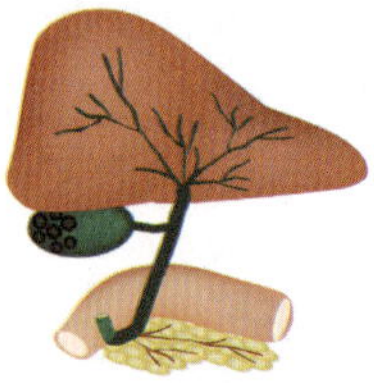

E

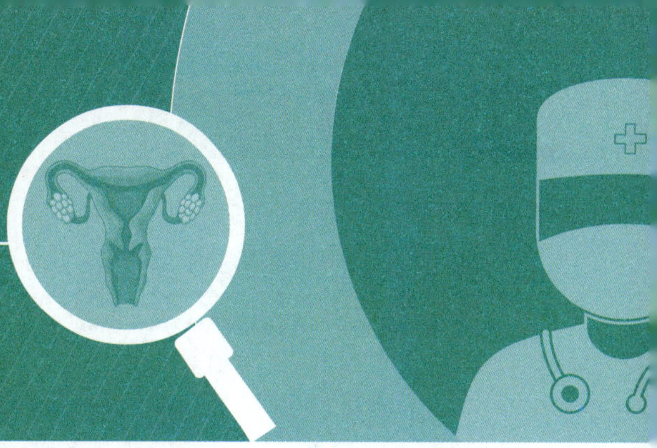

第八课

月经周期不太规律

主题热身

一、给下列词语选择对应的图片

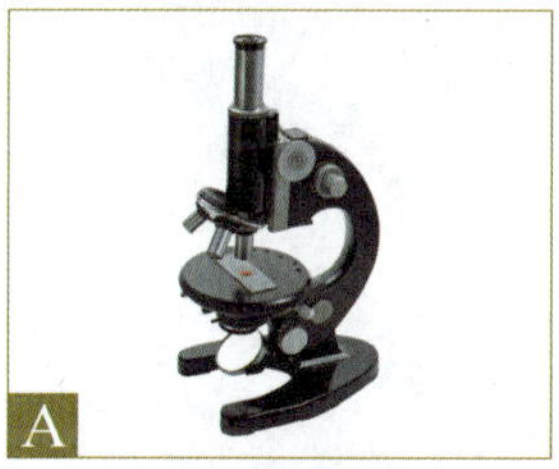
A

B

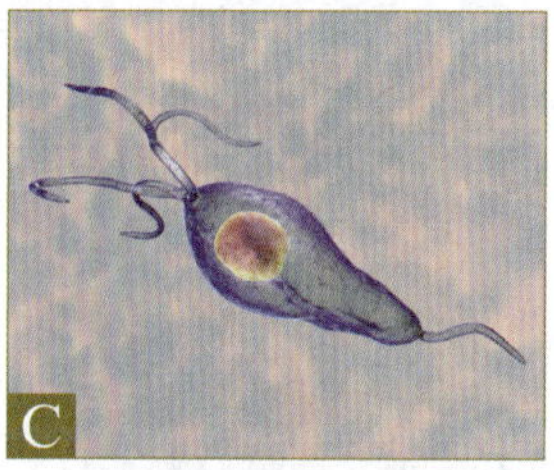
C

D

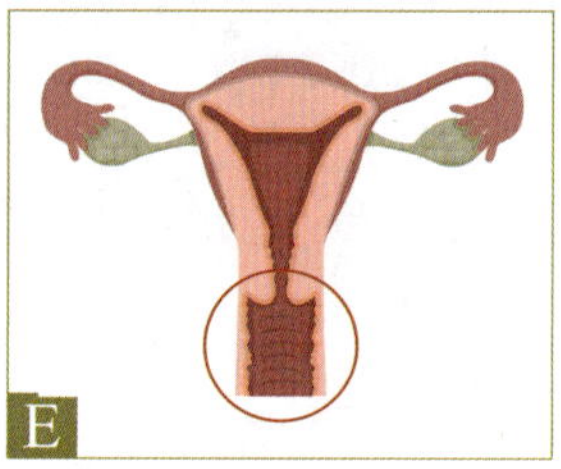
E

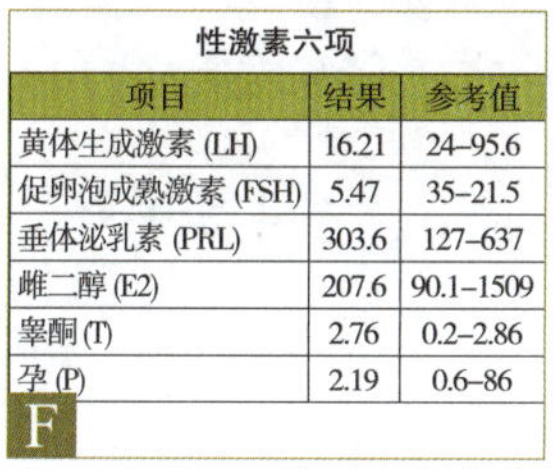

性激素六项

项目	结果	参考值
黄体生成激素 (LH)	16.21	24–95.6
促卵泡成熟激素 (FSH)	5.47	35–21.5
垂体泌乳素 (PRL)	303.6	127–637
雌二醇 (E2)	207.6	90.1–1509
睾酮 (T)	2.76	0.2–2.86
孕 (P)	2.19	0.6–86

F

1. 阴道________　　2. 游泳池________　　3. 性激素六项________

4. 毛滴虫________　　5. 健身房________　　6. 显微镜________

二、听对话，选择正确答案

1. 白小凡的脸色怎么样？

A. 很好　　B. 不太好　　C. 还可以

2. 白小凡的月经周期一般是多少天？

A. 25　　B. 30　　C. 50

3. 白小凡最近每餐都吃些什么？

A. 蔬菜和米饭　　B. 蔬菜和肉　　C. 蔬菜和水果

扫描二维码，获取听力音频

任务学习

任务一　月经失调病人的问诊

准备

语言点 1　副词：从来

读一读

读句子，选择与句子意思一致的一项

我作息很规律，从来不熬夜。

A. 我作息很规律，一般不熬夜

B. 我作息很规律，有时不熬夜

C. 我作息很规律，一直都不熬夜

学一学

副词“从来”强调从过去到现在一直如此，多用在否定句中；用在肯定句中时，后面常常跟“就”或“都”。

例句

（1）他从来不抽烟。/ 他从来没抽过烟。

（2）她从来就只关心自己的事情。

（3）她从来都是乐观地面对生活。

练一练

用副词“从来”改写句子

（1）从开学到现在，他一直没有迟到过。

____

（2）她做事总是认真负责，按时完成。

____

（3）他从一开始就没想过这个问题该如何解决。

____

语言点 2　固定格式：从……起

读一读

读句子，选择与句子意思一致的一项

从半年前起，我开始控制饮食。

A. 我控制饮食半年了

B. 我控制饮食快半年了

C. 我控制饮食半年多了

学一学

固定格式“从……起”与时间点搭配，表示以该时间为起点，一般用在句首或主语后。

例句

（1）从明天起，我要开始跑步。

（2）从三天前起，我的上腹部就开始隐隐地痛。

（3）他从两年前起就不再外出了。

练一练

用“从……起”改写句子

（1）6 岁那年，我就一个人去学校了，不再需要家长接送（jiēsòng，ferry）。

____

（2）7 月 8 号以后，图书馆就关门了。

____

（3）他是从去年开始不抽烟的。

____

示例

- 科室：妇科（门诊）
- 医生：张莉
- 患者：白小凡

扫描二维码，获取课文和生词音频

张　莉：你怎么了？哪儿不舒服？

白小凡：医生，我的月经已经推迟20多天了，一直没来。

张　莉：你的月经周期一般是多少天？经期[1]多少天？

白小凡：月经周期30天左右，经期7天左右。

张　莉：月经量怎么样？痛经吗？

生词

1. 月经　yuèjīng　*n.*　menstruation
2. 推迟　tuīchí　*v.*　to postpone, to delay
3. 周期　zhōuqī　*n.*　period, cycle
4. 经期　jīngqī　*n.*　menstrual period
5. 痛经　tòngjīng　*n./v.*　dysmenorrhea; to painfully menstruate

白小凡：月经量不大，不痛经。

张 莉：最近有没有性生活？

白小凡：没有。

张 莉：以前月经周期规律吗？

白小凡：最近两个月不太规律。

张 莉：你今年多大？

白小凡：21 岁。

张 莉：身高、体重多少？

白小凡：我 1 米 6，140 斤。

张 莉：你平时作息规律吗？

白小凡：我作息很规律，从来不熬夜，每天都早睡早起。

张 莉：饮食方面呢？

白小凡：从半年前起，我开始控制饮食。除了蔬菜和水果，别的我基本上都不吃。

张 莉：你一点儿米饭都不吃吗？鸡蛋、瘦肉、牛奶呢？

白小凡：只偶尔吃点儿鸡蛋。

张 莉：平时运动量大不大？

白小凡：我每天都会去健身房运动两个小时左右，感觉特别累了才会

6 性生活 xìngshēnghuó *n.* sex life

7 身高 shēngāo *n.* height

8 熬夜 áoyè *v.* to stay up late

9 早睡早起 zǎoshuì zǎoqǐ early to bed, early to rise

10 基本上 jīběnshàng *adv.* basically

11 瘦肉 shòu ròu lean meat

12 偶尔 ǒu'ěr *adv.* occasionally

13 健身房 jiànshēnfáng *n.* gymnasium
健身 jiànshēn *v.* to keep fit

休息。

张 莉：我建议你先去做个 B 超，看一下子宫附件的情况。

（一小时后）

白小凡：医生，这是我的 B 超结果。

张 莉：你的子宫附件没什么问题。

白小凡：那是什么原因导致我月经失调的呢？

张 莉：引起月经失调的原因有很多，比如妇科疾病、内分泌失调等。我先给你开点儿药调理一下，等你来月经的第二天，再空腹到医院做一个性激素六项检查。

白小凡：好的，谢谢医生。

张 莉：还有你的体重偏重，平时要适当运动，但不能过度；饮食上也要营养均衡，不能只吃蔬菜和水果。

14 子宫 zǐgōng *n.* uterus

15 附件 fùjiàn *n.* adnexa

16 失调 shītiáo *v.* to disorder, to lose balance

17 妇科 fùkē *n.* gynecology department

18 内分泌 nèifēnmì *n.* internal secretion, endocrine

19 调理 tiáolǐ *v.* to nurse one's health

20 性激素六项 xìngjīsù liù xiàng six items of sex hormones
性激素 xìngjīsù *n.* sex hormone
项 xiàng *m.* a measure word for items

Note：

1. 经期：指每月来月经的时间，口语中也用“月经期”“生理期”“例假”等表达。其中，“例假”较为委婉。

活动

答一答

（1）白小凡怎么了？

（2）白小凡需要做哪些检查？

说一说

小组讨论： 以下哪些是引起月经失调的原因？讨论后请在下面对应的词语前面画“√”。如果还有别的原因，请写在后面。

□ 熬夜

□ 节食
（jiéshí，diet）

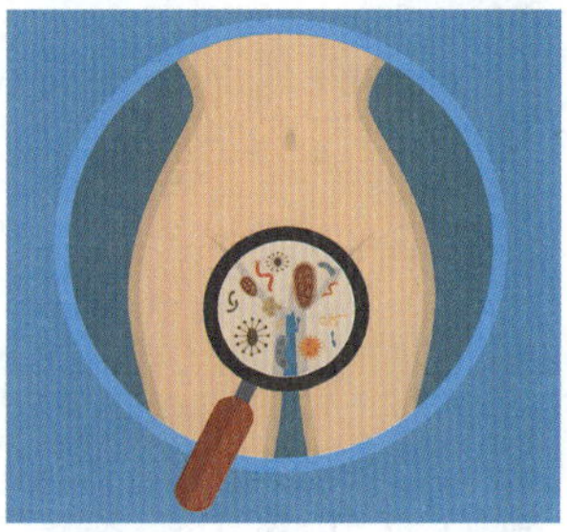

□ 妇科疾病

□ 紧张焦虑
（jiāolǜ，anxious）

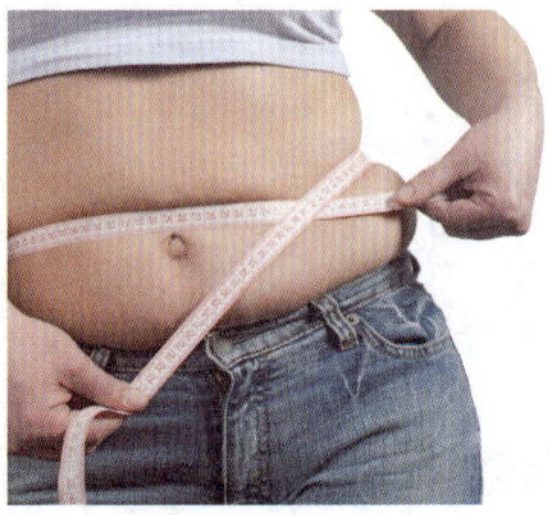

□ 肥胖

□ 健身

其他原因：____

读一读

读病历记录表，判断正误

姓名：白小凡　　性别：女　　年龄：21

就诊医院：××医院　　就诊科室：妇科（门）

就诊时间：××-××-××

主诉：月经不规律两个月，现要求调经。

现病史：患者既往月经规律，月经周期 30 天，经期 7 天，量少，无痛经。半年前开始健身，每日运动约两小时，同时改为低蛋白低碳水化合物饮食，短期体重变化不详。近两个月月经周期不规律，周期 30～50 天，现来我院就诊。

体格检查：身高：160cm；体重：70kg；BMI：27.3kg/m^2。

辅助检查：B 超、性激素六项（待查）。

初步诊断：月经失调。

治疗意见：1. 遵医嘱（yīzhǔ，medical advice）服药；

2. 性激素六项检查。

医生签名：张莉

（1）患者既往月经规律，月经周期 35 天。（　　）

（2）患者半年来饮食以高蛋白低碳水化合物为主。（　　）

（3）患者的性激素六项待查。（　　）

任务二　疾病介绍：滴虫阴道炎

准备

语言点　副词：往往

读一读

读句子，选择与句子意思一致的一项

患者往往有阴道分泌物增多，白带异常，外阴、阴道瘙痒等症状。

A. 患者总是有阴道分泌物增多，白带异常，外阴、阴道瘙痒等症状

B. 患者常常有阴道分泌物增多，白带异常，外阴、阴道瘙痒等症状

C. 患者平时有阴道分泌物增多，白带异常，外阴、阴道瘙痒等症状

学一学

副词“往往”表示某种情况经常出现，常用在主语之后。

“往往”和“常常”

辨析

副词“往往”表示某种情况在一定的条件下经常出现，这种情况的出现有一定的规律性。副词“常常”也表示某种情况经常出现，但只强调重复出现，不一定具有规律性，且不受条件的限制。另外，“常常”还可用于将来时态，“往往”则不可以。

例句

（1）他往往在吃饭的时候看电视。/ 他常常在吃饭的时候看电视。

（2）* 他往往迟到。/ 他常常迟到。

（3）* 以后我会往往去看你。/ 以后我会常常去看你。

练一练

选择合适的词语填空

（1）我＿＿＿＿＿＿周一早上会迟到。（往往、常常）

（2）这家饭馆的菜也太好吃了吧！以后我会__________来吃的。（往往、常常）

（3）急性阑尾炎患者__________有转移性右下腹疼痛、发烧等症状。（往往、常常）

示例

扫描二维码，获取课文和生词音频

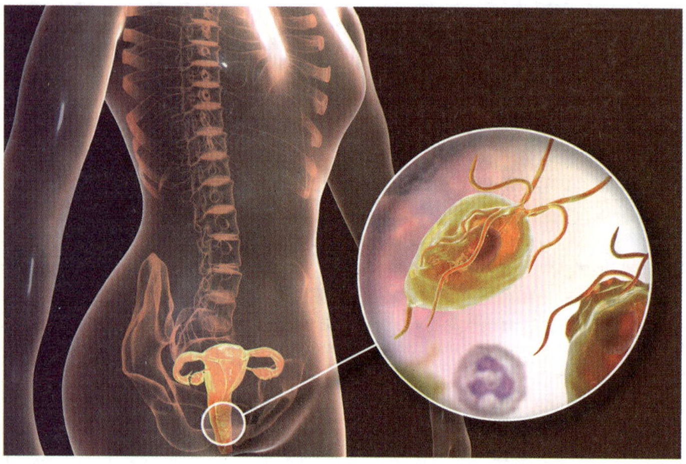

滴虫阴道炎是常见的妇科疾病，多发于育龄妇女。患者往往有阴道分泌物增多，白带异常，外阴、阴道瘙痒等症状。滴虫阴道炎主要是由阴道毛滴虫感染引起的。阴道毛滴虫是一种寄生虫，肉眼不可见，只有在显微镜下才可观察到。它有很强的环境适应能力，能在温度 25℃ ~ 40℃、pH 值[1] 5.2 ~ 6.6 的潮湿环境中生长。在女性月经前后、妊娠期或产后，阴道 pH 值发生改变时，毛滴虫易繁殖，并引发炎症。

生 词

1. 滴虫阴道炎 dīchóng yīndàoyán *n.* trichomonal vaginitis
2. 育龄 yùlíng *n.* childbearing age
3. 妇女 fùnǚ *n.* woman
4. 阴道 yīndào *n.* vagina
5. 分泌物 fēnmìwù *n.* secretion
6. 白带 báidài *n.* leucorrhea
7. 外阴 wàiyīn *n.* vulva
8. 瘙痒 sàoyǎng *adj.* pruritic
9. 毛滴虫 máodīchóng *n.* trichomonad
10. 寄生虫 jìshēngchóng *n.* parasite
11. 肉眼 ròuyǎn *n.* naked eye
12. 显微镜 xiǎnwēijìng *n.* microscope
13. 观察 guānchá *v.* to observe
14. pH 值 pH zhí pH value
15. 潮湿 cháoshī *adj.* damp, moist
16. 生长 shēngzhǎng *v.* to grow
17. 妊娠期 rènshēnqī *n.* gestational period
18. 产后 chǎnhòu *n.* after childbirth
19. 繁殖 fánzhí *v.* to breed, to reproduce

滴虫阴道炎主要通过性接触直接传染，也可通过公共浴池、游泳池、坐便器等间接传染。那么，在日常生活中，女性应该如何预防滴虫阴道炎呢？一方面，要注意个人卫生。首先，选择透气性好的棉质内裤，尽量少穿或不穿紧身裤，保持外阴干燥清洁，减少阴道毛滴虫生长的机会。其次，养成良好的个人卫生习惯。每日用清水清洗外阴，但要注意避免过度清洗导致的菌群失调；内裤要勤换洗、勤消毒；浴盆、毛巾等要专人专用。最后，要“洁身自好”，避免不洁性行为。另一方面，还要注意公共卫生。出门在外一定要提高防范意识，在游泳池、卫生间等公共场所一定要做好卫生护理工作。

对女性来说，阴道健康非常重要，女性朋友一定要多关注。当出现外阴瘙痒、白带增多等症状时，一定要及时就医。

20 传染　chuánrǎn　*v.*　to infect
21 浴池　yùchí　*n.*　public bath
22 游泳池　yóuyǒngchí　*n.*　swimming pool
23 坐便器　zuòbiànqì　*n.*　closestool, toilet
24 间接　jiànjiē　*adj.*　indirect
25 日常　rìcháng　*adj.*　daily
26 透气性　tòuqìxìng　*n.*　breathability
27 棉质　miánzhì　*n.*　cotton
28 内裤　nèikù　*n.*　underpants
29 紧身裤　jǐnshēnkù　*n.*　skinny pants
30 干燥　gānzào　*adj.*　dry
31 清洗　qīngxǐ　*v.*　to wash, to clean
32 菌群　jūnqún　*n.*　flora
33 勤　qín　*adj.*　often, frequent
34 浴盆　yùpén　*n.*　bathtub
35 毛巾　máojīn　*n.*　towel
36 洁身自好　jiéshēn-zìhào　to keep one’s integrity or chastity
37 性行为　xìngxíngwéi　*n.*　sexual behavior
38 防范　fángfàn　*v.*　to be on guard
39 意识　yìshí　*n.*　awareness
40 场所　chǎngsuǒ　*n.*　place, site
41 就医　jiùyī　*v.*　to go to a doctor

Note:

1. pH 值：在口语中，我们也常用“酸碱度”或“酸碱值”表示。

活动

答一答

（1）滴虫阴道炎的症状有哪些？

（2）滴虫阴道炎的传染方式有哪些？

说一说

小组活动： 四人一组，每人轮流以护士的身份向大家介绍如何预防滴虫阴道炎，其他三人做好记录。

滴虫阴道炎是常见的妇科疾病，多发于……

任务操练

实践

两人一组，根据图片场景，使用下列词语，模拟医生和病人之间的对话。

场景提示： 病人因月经失调就诊，医生问诊。

参考词语： 月经　问诊　月经量　B 超　性激素六项　注意事项

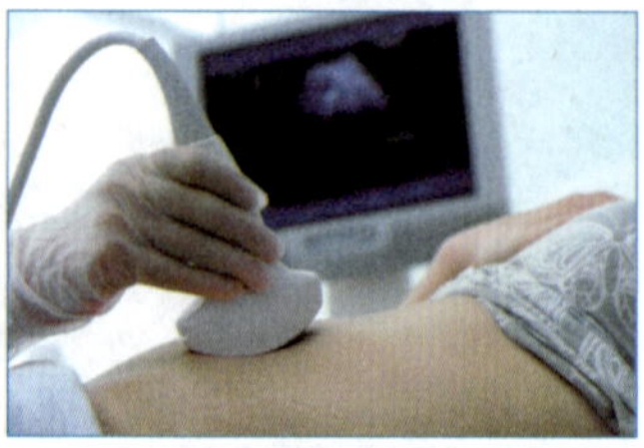

卵泡刺激素（FSH）
黄体生成素（LH）
雌二醇（E2）
孕酮（P）
睾酮（T）
催乳素（PRL）

练习

（一）词语搭配

肉眼	失调
月经	可见
营养	增多
白带	均衡

控制	内裤
调理	身体
换洗	传染
间接	饮食

（二）选择正确的词语填空

偶尔　熬夜　周期　传染　痛经　潮湿　毛巾　意识

1. 一碰到阴冷（　　）的天气，奶奶的腿就会酸疼。
2. 有些人认为，普通感冒不会（　　）给别人，这是不科学的。
3. （　　）是常见的妇科疾病之一，严重时还会影响正常生活。
4. 我们平常都在家里做饭吃，（　　）才去外面的饭馆吃一次。
5. 学校应该加强安全教育，提高中小学生的安全防范（　　）。
6. 经常（　　）的人睡眠（shuìmián，sleep）严重不足，这样对身体和精神的危害都很大。
7. 长期放在卫生间的（　　）需要勤清洗、多消毒。
8. 受体质、环境、饮食等因素影响，女性的月经（　　）各有不同。

（三）组词成句

1. 推迟　她的　已经　月经　半个月　了

____

2. 每个　健身房　周末　哥哥　运动　都去

____

3. 要　习惯　养成　个人卫生　良好的　大家

____

4. 清洗　菌群　导致　会　过度　阴道　失调

____

5. 异常　妇科　一种　疾病　白带　是

____

（四）用指定词语或结构完成对话

1. A：你________________，今天怎么喝了？（从来）

   B：今天儿子结婚，我太高兴了，必须喝点儿酒。

2. A：你最近又胖了不少，得注意运动啊。

   B：我确实应该控制一下体重了，________________。（从……起）

3. A：我第一次见到他时，觉得他很普通。

   B：第一印象________________，多见几次面，你可能就不这样认为了。（往往）

4. A：医生，孩子只是有些咳嗽，怎么就变成肺炎了？

   B：____________________________________。（由……引起）

5. A：护士，我觉得我的腿恢复得差不多了，想下床走走。

   B：你可以下床活动活动，但还是要注意，____________________，一定要停下来休息。（当……时）

（五）阅读语段，选择与语段意思一致的一项

1. 中国女性在痛经时常常喝热的红糖水，认为这样做有一定的止痛（zhǐtòng，relieve pain）效果。这是因为喝热水跟热敷一样，能加快血液循环，让人感觉更舒服。但是，喝红糖水对于缓解痛经的效果并不明确。正确治疗痛经，应该及时到医院妇科就诊。

   A. 女性都喜欢喝红糖水

   B. 喝红糖水可以有效缓解痛经

   C. 痛经应该去看妇科

2. 阴道炎是一种常见的妇科疾病，可由各种感染性或非感染性因素引起，也与外部刺激、女性自身激素水平等相关。各年龄段的女性都有可能患上阴道炎，且一旦患上，容易反复发作。患上阴道炎后一般会出现阴道分泌物异常、阴道瘙痒、阴道刺痛等症状。如出现以上不适症状，应及时就诊。

   A. 阴道出现炎症的原因有很多

   B. 阴道分泌物异常一定是患了阴道炎

   C. 任何女性都会患上阴道炎

（六）请根据“任务一”中的示例内容，简要描述患者的主要症状、诊断情况及治疗方案

拓展学习

一、词汇

“失～”和“去～”

构词语素“失～”和“去～”后都可加名词，表示某人或某事物失去了某方面的特征。前者一般表示被动失去，如“失调”指某种因素使现状失去平衡；后者一般表示主动去除，如“去甲肾上腺素”指去掉 N-甲基后的肾上腺素。

易混淆语素	医学词汇
失	失调、失眠、失神、失语、尿失禁
去	去甲肾上腺素

二、阅读

西医与中医眼中的月经失调

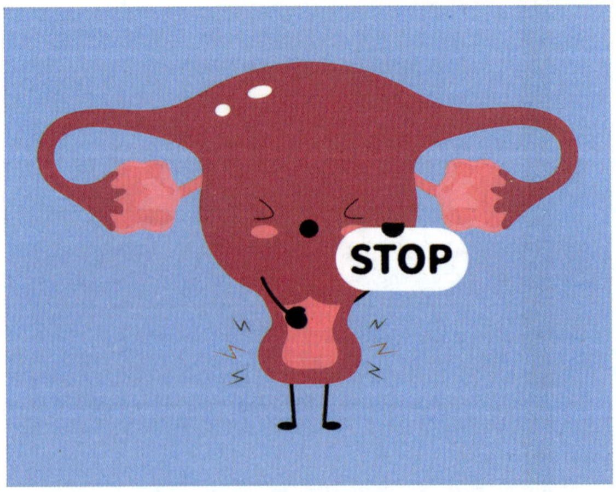

月经失调是一种常见的妇科疾病，表现为经期、经量、经色异常以及经期前、经期中腹痛等症状。一般来说，月经失调与多种因素有关，比如心理压力大、药物作用和内分泌失调等。如何治疗月经失调，西医和中医持不同的看法。

西医认为，引起月经失调的常见原因有：①内分泌失调，如卵巢分泌激素异常、雌激素合成困难等；②器质病变，如生殖器官局部炎症、盆腔内血管过分收缩以及其他妇科疾病导致的组织病变；③药物影响，如服用治疗精神病的药物或内分泌制剂等；④不良的生活习惯，如情绪异常、寒冷刺激、节食、嗜烟酒等。在治疗上，西医多采用雌激素、补血养血类药物改善月经失调的症状。

中医认为，"经水出诸肾"，即月经病和肾功能有关，也和脾、肝、气血、子宫等相关。月经失调主要分为两种：①虚症，"不荣则痛"。这种失调是由气血虚弱或肝肾亏损造成的，平时应注意调补、补气养血或滋补肝肾。②实症，"不通则痛"。这种失调是由气血运行不畅造成的，可用活血化瘀、止血调经的中成药治疗。

西医和中医虽然对月经失调持不同看法，但在调整生活习惯方面，两者看法较为一致，即：①作息规律，避免熬夜导致的内分泌失调；②饮食规律，避免过度节食、过度进食冰冷或辛辣刺激性食物；③戒烟戒酒，在一定程度上消除抽烟喝酒对月经来临的影响和干扰；④保持心情愉快，放松自己，释放压力，调节内分泌。

（一）重要医学词语

1. 卵巢	luǎncháo	*n.*	ovary
2. 雌激素	cíjīsù	*n.*	estrogen
3. 生殖器官	shēngzhí qìguān		reproductive organ
4. 盆腔	pénqiāng	*n.*	pelvic cavity
5. 情绪	qíngxù	*n.*	mood

6. 气血	qìxuè	*n.*	*qi* and blood
7. 滋补	zībǔ	*v.*	to nourish
8. 活血化瘀	huóxuè huàyū		to improve blood circulation and disperse stasis
9. 中成药	zhōngchéngyào	*n.*	Chinese patent drug

（二）阅读材料，回答问题

1. 西医和中医分别是如何治疗月经失调的？

____

____

____

2. 月经失调患者在生活习惯上应该注意什么？

____

____

____

自我评估

一、生词知多少

你认识下列词语吗？如果认识，请在词语前的“□”里画“√”；如果不认识，请再复习复习。

□ 月经	□ 周期	□ 经期	□ 痛经
□ 身高	□ 熬夜	□ 子宫	□ 附件
□ 月经失调	□ 妇科	□ 内分泌	□ 调理
□ 滴虫阴道炎	□ 育龄	□ 阴道	□ 白带
□ 外阴	□ 瘙痒	□ 寄生虫	□ 潮湿
□ 妊娠期	□ 繁殖	□ 传染	□ 菌群
□ 性行为	□ 意识	□ 就医	

掌握了 24 ～ 27 个：非常好，为你点赞！

掌握了 18 ～ 23 个：不错，继续努力！

掌握了 17 个及以下：好好复习，下次加油！

二、你知道怎么说吗？

你知道下列医学表达用在什么场景中吗？请选择合适的场景。

1. 给你开点儿药调理一下。（　　）
2. 做一个性激素六项检查。（　　）
3. 饮食上要营养均衡。（　　）
4. 要注意个人卫生。（　　）
5. 要注意公共卫生。（　　）

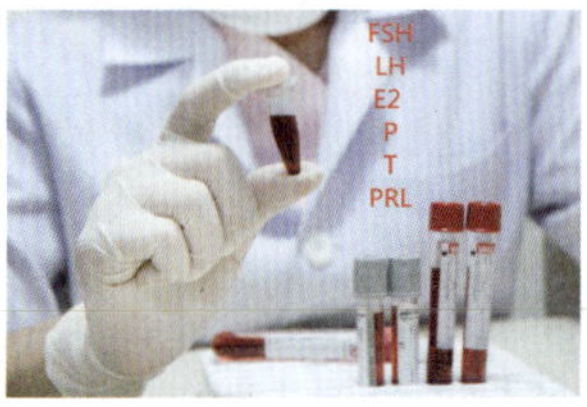

A

B

C

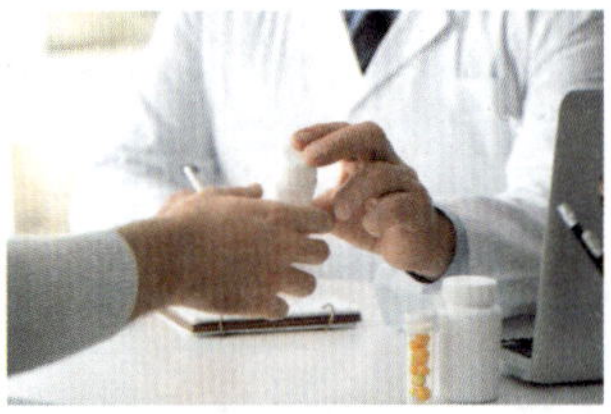
D

E

第九课

智齿到底该不该拔？

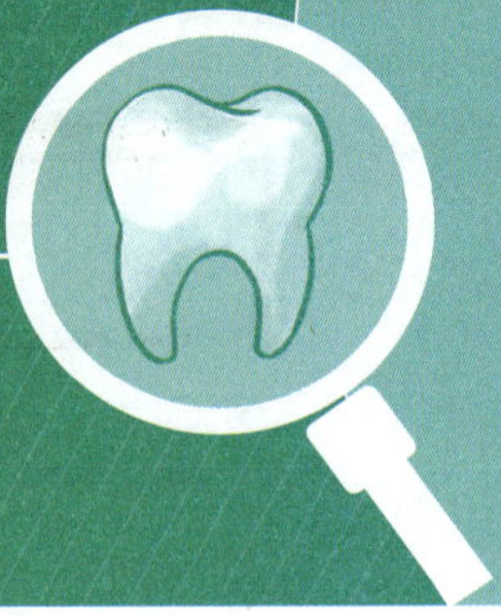

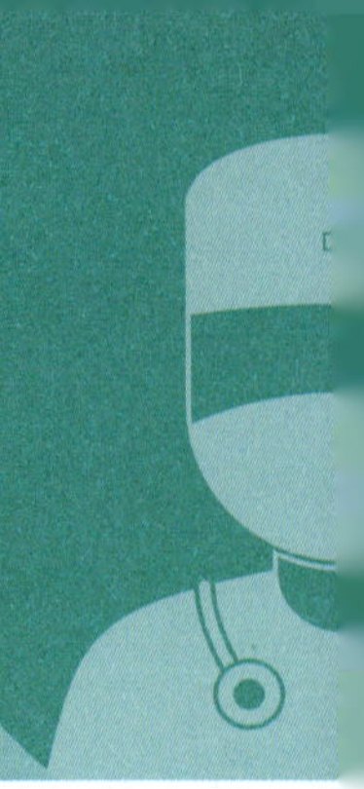

主题热身

一、给下列词语选择对应的图片

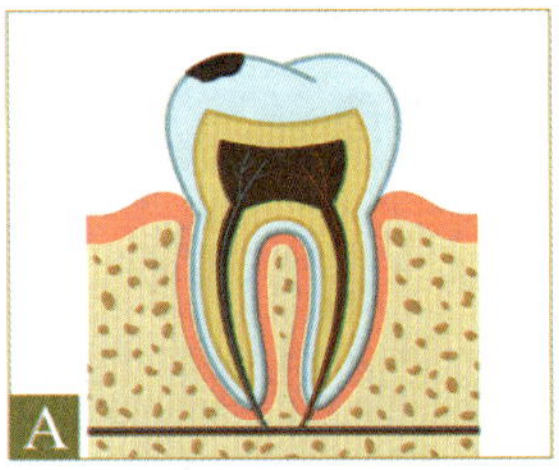
A

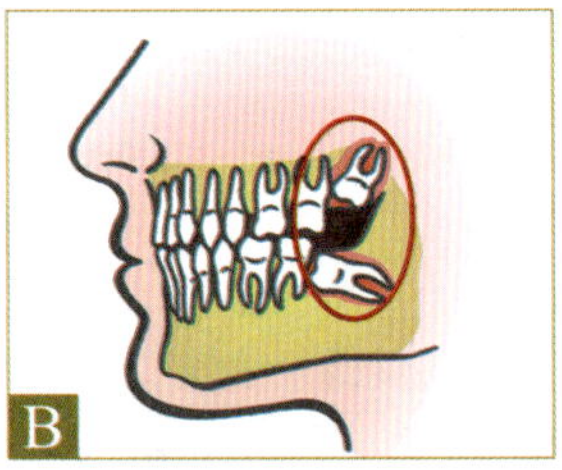
B

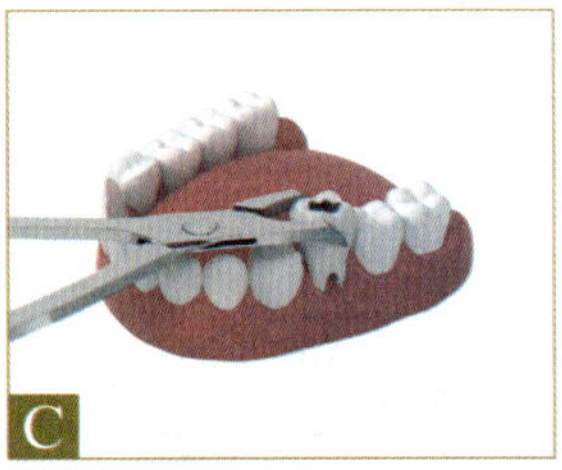
C

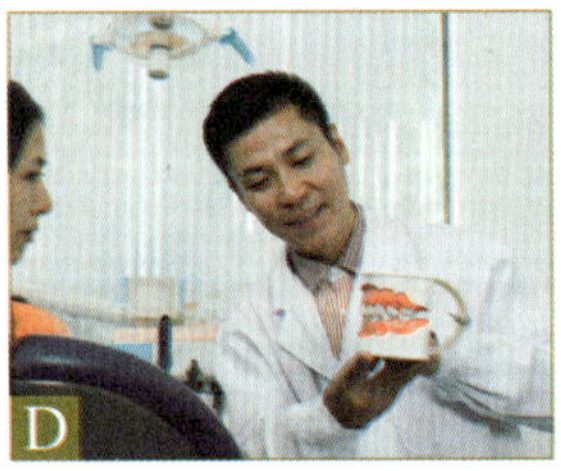
D

E

F

1. 拔牙__________　　2. 刷牙__________　　3. 咬合不正__________

4. 牙医__________　　5. 智齿__________　　6. 龋齿__________

二、听对话，选择正确答案

1. 夏云怎么了？

   A. 头疼　　B. 牙疼　　C. 嘴疼

2. 夏云能吃什么？

   A. 糖　　B. 面条儿　　C. 甜甜圈

3. 夏云去看医生了吗？

   A. 去了　　B. 还没去　　C. 不知道

扫描二维码，获取听力音频

任务学习

任务一 龋齿病人的问诊

准备

语言点 “把”字句：主语 + 把 + 宾语 + 动词 + 结果补语

读一读

读句子，选择与句子意思一致的一项

先把龋坏的部分清除干净，再用材料充填修补牙体。

A. 先清除龋坏的部分，再用材料充填修补牙体

B. 先清除干净龋坏的部分，再用材料充填修补牙体

C. 龋坏的部分要先清除，再用材料充填修补牙体

学一学

“主语 + 把 + 宾语 + 动词 + 结果补语”是表处置的“把”字句。其中，宾语是动词所表示的动作的受事，结果补语是该动作使宾语产生的结果。这类“把”字句中的结果补语还可以替换为趋向补语和状态补语，分别表示动词所表示的动作使宾语产生的变化或所处的状态。

例句

（1）请把房间打扫干净。

（2）他把新手机拿出去了。

（3）学生们都把书桌整理得整整齐齐的。

练一练

用"把"字句改写句子

（1）你们一定要调查清楚这件事情。

____

（2）麻烦你去叫她进来。

____

（3）这部手机的特点他已经了解得清清楚楚了。

____

示例

- 科室：口腔科（门诊）
- 医生：苏乐
- 患者：夏云

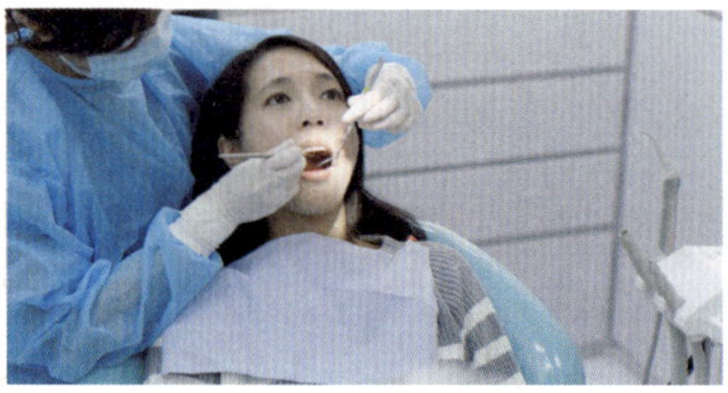

扫描二维码，获取课文和生词音频

夏云：医生，我牙疼。

苏乐：从什么时候开始疼的？

夏云：有一个星期了。

苏乐：是一直疼还是一阵阵地疼？

夏云：是一阵阵地疼，一吃甜的、酸的、冰的就疼。

苏乐：哪颗牙齿[1]疼？指给我看看。

夏云：下面右边的几颗都疼。

苏乐：好的，你先躺在这个治疗椅上，张开嘴，我给你检查一下。

生词

1. 阵 zhèn *m.* a period of time
2. 酸 suān *adj.* sour
3. 牙齿（牙） yáchǐ *n.* tooth

夏云：我从来没看过牙，特别紧张。

苏乐：别紧张，放松，一会儿我会轻轻敲一下这几颗牙[2]，你告诉我疼不疼。

夏云：嗯。

苏乐：这颗疼吗？

夏云：不疼。

苏乐：这颗呢？

夏云：疼。

苏乐：你下面右侧第一磨牙和第二磨牙的咬合面上各有一个龋洞，所以受到刺激后会比较敏感。

夏云：医生，这就是我们平时说的"蛀牙"吗？

苏乐：是的。"蛀牙"在医学上叫"龋齿"[3]。

夏云：那我的龋齿严重吗？

苏乐：不太严重。你的龋齿属于中龋，中龋只龋坏牙本质浅层，还没有发展到牙本质深层。

夏云：那我要怎么治疗呢？

4 敲　qiāo　*v.*　to knock, to beat

5 右侧　yòucè　*n.*　right side

6 第一磨牙　dì-yī móyá　first molar

7 第二磨牙　dì-èr móyá　second molar

8 咬合面　yǎohémiàn　*n.*　occlusal surface

9 龋洞　qǔdòng　*n.*　carious cavity

10 敏感　mǐngǎn　*adj.*　sensitive

11 蛀牙　zhùyá　*n.*　dental caries

12 龋齿　qǔchǐ　*n.*　dental caries

13 属于　shǔyú　*v.*　to belong to

14 中龋　zhōngqǔ　*n.*　intermediate caries

15 龋坏　qǔhuài　*v.*　to decay

16 牙本质　yáběnzhì　*n.*　dentin

17 浅层　qiǎncéng　*n.*　superficial layer

18 深层　shēncéng　*n.*　deep layer

苏乐：根据你的情况，补牙就可以了。先把龋坏的部分清除干净，再用材料充填修补牙体。

夏云：嗯，好的。

苏乐：那我们现在就开始治疗吧。

（半小时后）

苏乐：牙齿补好了，你感觉怎么样？有没有不舒服？

夏云：没有什么不舒服的感觉，谢谢医生。

苏乐：不用谢。回去一定要注意口腔卫生，防止有害细菌大量繁殖。

夏云：好的。

19 补牙 bǔ yá to fill a tooth
20 清除 qīngchú *v.* to eliminate
21 材料 cáiliào *n.* material
22 充填 chōngtián *v.* to fill
23 修补 xiūbǔ *v.* to repair
24 牙体 yátǐ *n.* tooth
25 口腔 kǒuqiāng *n.* oral cavity
26 防止 fángzhǐ *v.* to prevent
27 有害 yǒu hài pernicious, harmful
28 细菌 xìjūn *n.* germ, bacterium

Note:

1. 牙齿：可用在口语和书面语中。口语中还常用“牙”，书面语中还常用“齿”。
2. 叩诊（kòuzhěn，percuss）：指用手叩击身体某表部位，根据叩击所产生的声音的特点判断被检查部位有无异常的诊断方法。敲牙属于叩诊的一种。
3. 龋齿：俗称“蛀牙”或“虫牙”。

活动

答一答

（1）夏云的牙齿怎么了？

（2）夏云需要做什么治疗？

说一说

小组讨论： 以下哪些是引起龋齿的原因？讨论后请在下面对应的词语前面画“√”。如果还有别的原因，请写在后面。

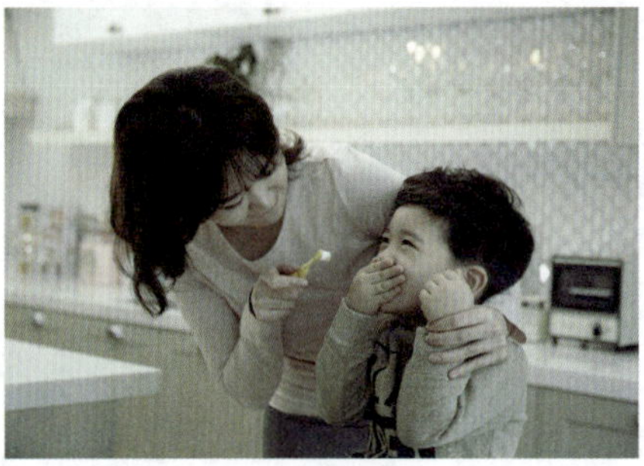

□ 不刷牙

□ 吃甜食

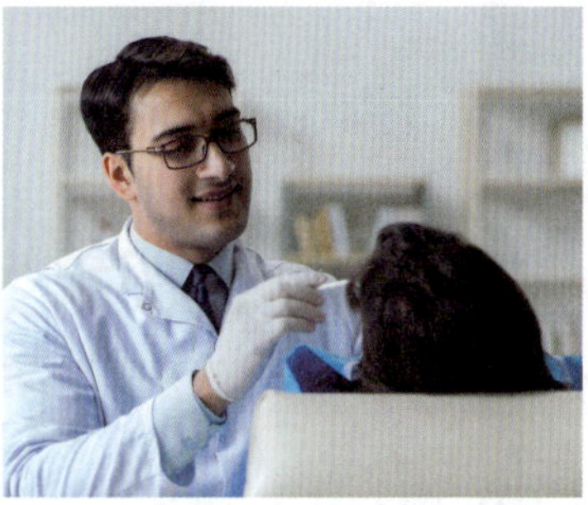

□ 定期检查

□ 喝碳酸（tànsuān，carbonic acid）饮料

□ 喝水

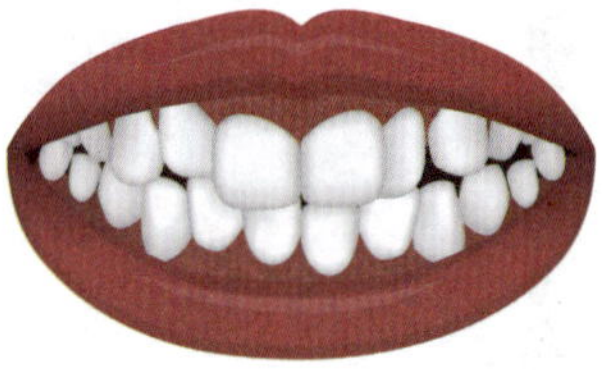

□ 咬合不正

其他原因：____

读一读

读病历记录表，判断正误

姓名：夏云　　性别：女　　年龄：28

就诊医院：×× 医院　　就诊科室：口腔科（门）

就诊时间：××-××-××

主诉：进食酸、冷、甜食后，右下后牙疼痛一周。

现病史：患者一周前进食酸、冷、甜食后自觉右下后牙酸痛，否认自发痛，今来诊求治。

口腔检查：右下第一磨牙、第二磨牙咬合面窝沟可见牙体色黑，探针可探入，表面粗糙，探诊略有痛感，叩诊（+）。

治疗：去腐干净，修整洞形；隔湿干燥，3M 纳米树脂充填，调和，抛光。

医嘱：近期可能有轻微不适，先勿用右侧咬硬物。若不适感明显，及时复诊。

医生签名：苏乐

（1）患者进食酸、冷、甜食后，左下后牙发痛。　（　　）

（2）患者口腔探诊无痛感。　（　　）

（3）患者做了补牙治疗。　（　　）

任务二　话说智齿

准备

语言点　语气副词：到底

读一读

读句子，选择与句子意思一致的一项

智齿出现后，到底该不该拔呢?

A. 智齿出现后，该不该拔呢?

B. 智齿出现后，是不是应该拔呢?

C. 智齿出现后，真的需要拔吗?

学一学

语气副词“到底”用在疑问句中时，表示对问题做进一步追问，一般用在动词性、形容词性谓语成分或主语前。“到底”用在陈述句中时，可表示经过较长过程后出现了某种结果，一般用在动词性或形容词性谓语成分前；还可强调原因或特点，一般用在动词性、形容词性谓语成分或主语前。

“到底”和“终于”

辨析

“到底”和“终于”都可以表示经过较长过程后出现了某种结果，但“到底”后的动词性成分一般需要加“了”，而“终于”无此限制。需要注意的是：“到底”可用在疑问句中进行追问，而“终于”不能；“到底”可强调原因或特点，“终于”也不能；“到底”在口语和书面语中都常用，而“终于”多用在书面语中。

例句

（1）问题到底解决了。/问题终于解决（了）。

（2）到底谁负责这个项目？/＊终于谁负责这个项目？

（3）他到底还年轻，有很多事情还不懂。/＊他终于还年轻，有很多事情还不懂。

练一练

选择合适的词语填空

（1）北方的气候__________冷不冷？（到底、终于）

（2）__________是南方，冬天还这么暖和。（到底、终于）

（3）鸟儿越飞越高，__________消失在蓝天里。（到底、终于）

示例

扫描二维码，获取课文和生词音频

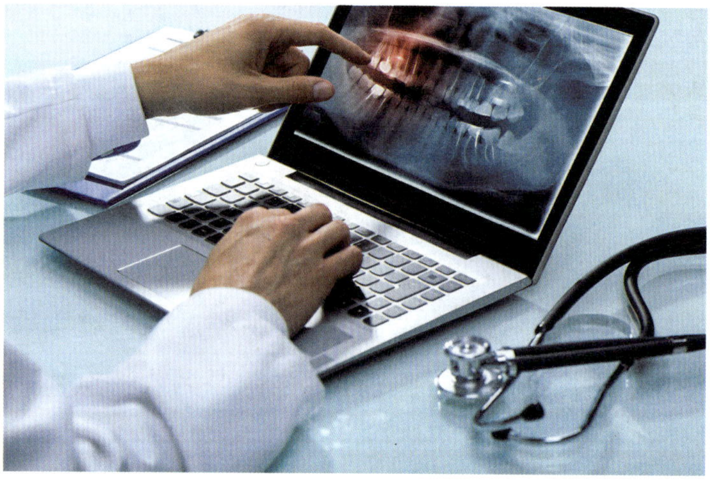

智齿是口腔中最晚长出的牙齿，也叫“第三磨牙”。一般上下左右共4颗，但因人而异，有的人不会长全，有的人一生都不会长。智齿的生长高发期在16～35岁，这个年龄段的人心理、生理发育都接近成熟，这时候长出的牙齿就有了“智慧到来”的象征，所以人们把它叫作“智齿”。

生 词

1. 智齿 zhìchǐ *n.* wisdom tooth
2. 第三磨牙 dì-sān móyá third molar
3. 共 gòng *adv.* totally
4. 因人而异 yīnrén'éryì to vary with each individual
5. 高发 gāofā *adj.* (of diseases, accidents, etc.) frequently occurred
6. 年龄 niánlíng *n.* age
7. 心理 xīnlǐ *n.* psychology
8. 生理 shēnglǐ *n.* physiology
9. 发育 fāyù *v.* to develop, to grow
10. 成熟 chéngshú *adj.* mature
11. 智慧 zhìhuì *n.* wisdom
12. 象征 xiàngzhēng *n.* symbol

智齿是人类进化遗留的产物，有的智齿可以正常生长，发挥咀嚼作用；有的智齿可能会引发一些口腔疾病。那么，智齿出现后，到底该不该拔呢？如果智齿长出的位置合适，咬合关系良好，没有龋坏，并且牙冠周围的软组织没有发炎和疼痛史[1]的话，是不需要拔除的；但如果智齿长出的位置不好，咬合不正，对邻牙造成影响，或者已经引发龋坏、牙疼、张口困难、面部肿胀等症状的话，是需要拔除的。

如果长了智齿，那就要特别注意口腔护理。首先，早晚要坚持刷牙，及时清除残留食物，保持口腔清洁；其次，不要吃过甜、过酸、过咸或者过辣[2]的食物，以免产生腐蚀性物质，破坏牙体。此外，智齿可能会引起龋齿、牙周炎、冠周炎等疾病。当出现上述不适时，应及时去医院就诊。

13 进化 jìnhuà *v.* to evolve
14 遗留 yíliú *v.* to leave over
15 产物 chǎnwù *n.* outcome, product
16 发挥 fāhuī *v.* to give play to
17 咀嚼 jǔjué *v.* to masticate, to chew
18 拔 bá *v.* to pull out
19 位置 wèizhì *n.* position
20 咬合 yǎohé *v.* to occlude
21 牙冠 yáguān *n.* dental crown
22 软组织 ruǎnzǔzhī *n.* soft tissue
23 发炎 fāyán *v.* to inflame
24 拔除 báchú *v.* to pull out, to uproot
25 邻牙 línyá *n.* adjacent tooth
26 面部 miànbù *n.* face
27 刷牙 shuā yá to brush one's teeth
28 残留 cánliú *v.* to remain
29 咸 xián *adj.* salty
30 产生 chǎnshēng *v.* to produce, to arise
31 腐蚀 fǔshí *v.* to corrode
32 物质 wùzhì *n.* substance
33 破坏 pòhuài *v.* to destroy
34 牙周炎 yázhōuyán *n.* periodontitis
35 冠周炎 guānzhōuyán *n.* pericoronitis

Note:

1. 疼痛史：指过去疼痛的情况。“～史”指某特征过去的情况。
2. 过＋形容词：此时“过”表示程度或数量超过了一定的限度或范围，一般含有贬义。

活动

答一答

（1）什么是智齿？

（2）什么样的智齿应该拔除？

说一说

小组活动： 四人一组，每人轮流以护士的身份向大家介绍智齿长出后的口腔护理注意事项，其他三人做好记录。

智齿是口腔中最晚长出的牙齿，也叫……

任务操练

实践

两人一组，根据图片场景，使用下列词语，模拟医生和病人之间的对话。

场景提示： 病人因牙疼就诊，医生问诊。

参考词语： 牙疼　叩诊　龋洞　龋齿　补牙　注意事项

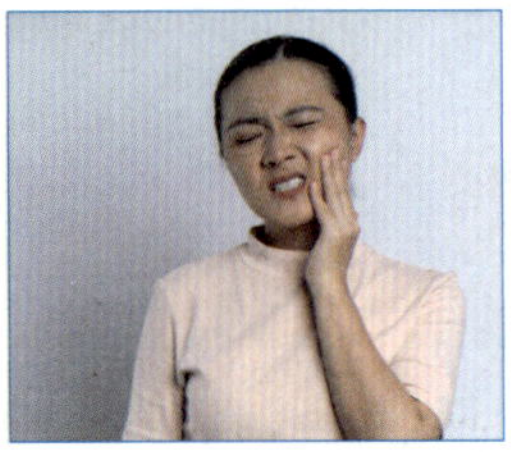

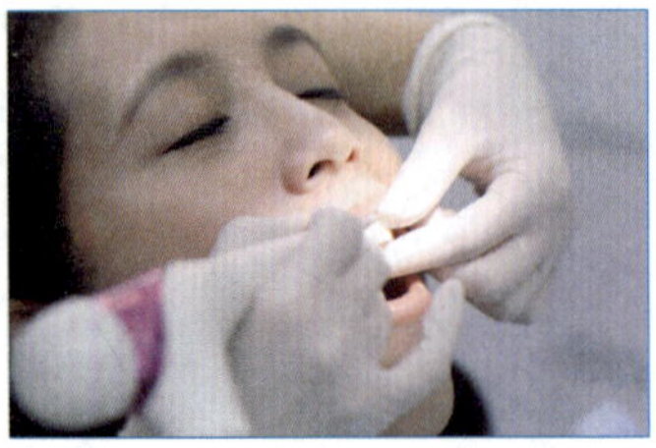

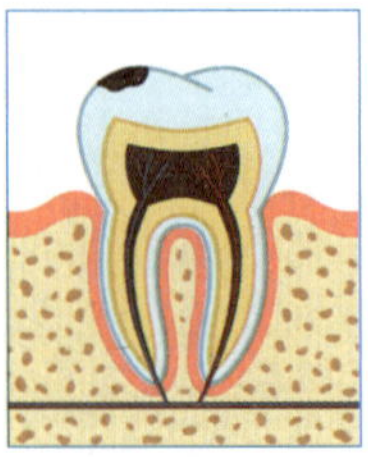

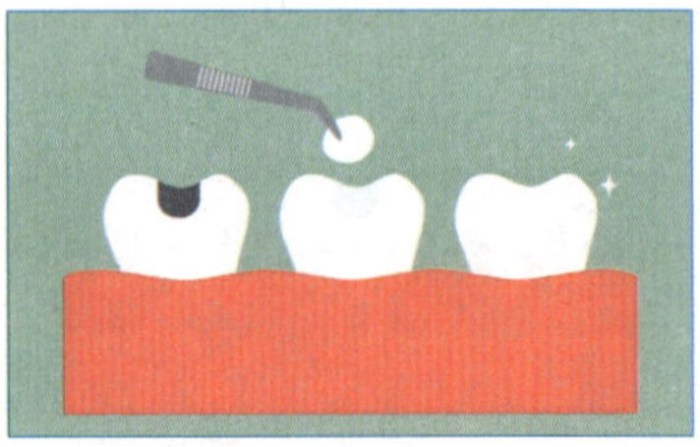

练习

(一)词语搭配

牙冠	困难
发育	发炎
张口	肿胀
面部	成熟

受到	牙体
修补	智齿
拔除	口腔
护理	刺激

(二)选择正确的词语填空

清除　刷牙　细菌　蛀牙　有害　敏感　造成　心理

1. 这次事故是由出租车司机不负责任(　　)的。
2. 减肥要注意方法，过度控制饮食对身体健康(　　)。
3. 你这颗(　　)龋坏得不太严重，只需要补牙就可以了。
4. 有些人性格(　　)，一点儿小事就可能刺激到他们。
5. 每天早晚坚持(　　)，牙齿会更清洁、更健康。
6. 我已经做好了赛前的(　　)准备，我一定会坚持到最后。
7. 我们每天使用的毛巾上其实有很多肉眼看不见的(　　)。
8. 为了保证大家的出行安全，交通警察正在(　　)路面上的积雪。

(三)组词成句

1. 牙疼　开始　是　他的　从　上周　的

____

2. 我　紧张　做　检查　特别　的时候

____

3. 应该　卫生　都　注意　口腔　每个人

____

4. 已经　这颗　龋坏　牙齿　的症状　出现了

____

5. 建议　牙医　拔除　我　智齿　尽快

____

（四）用指定词语或结构完成对话

1. A：不好，爸爸晕倒了！

   B：他已经失去（shīqù，lose）意识了，我们必须马上____________________。（“把”字句）

2. A：医生，孩子这次腹泻是由什么原因引起的？

   B：____________________，现在还不清楚，需要先做血常规和便常规检查。（到底）

3. A：医生，腹腔镜微创手术有风险吗？

   B：____________________________，您不用太担心。（……，并且……）

4. A：护士，请问我应该去哪儿拿药？

   B：我看看。您还没有交费，请____________________。（先……，再……）

5. A：你的牙怎么了？为什么要去看牙医？

   B：牙齿不能碰冰的、酸的，____________________。（一……就……）

（五）阅读语段，选择与语段意思一致的一项

1. 龋齿，也就是我们常说的“蛀牙”“虫牙”，是一种由细菌感染等原因导致的口腔疾病。当龋洞较浅时，患者一般不会感到疼痛，仅在冷、热、酸、甜等外部刺激

下才会感到阵痛；但当龋洞较深时，患者就会感到剧痛。所以，除了坚持正确刷牙外，我们还应该定期做口腔检查，做到早发现，早治疗。

A. 龋齿也被人们称为“虫牙”

B. 龋洞较浅时不需要去治疗

C. 做口腔检查才能发现龋齿

2. 牙结石又称“牙石”。很多人认为平时注意口腔卫生，每天饭后漱口、刷牙就不会长牙石，其实这种理解是错误的。牙石的形成不仅和口腔卫生有关，还和很多其他因素有关。而且，牙石一旦形成，仅通过漱口、刷牙等方式是很难去除的。只有通过洗牙，才能把牙石清除干净。

A. 勤刷牙就不会形成牙结石

B. 刷牙不能把牙结石清除干净

C. 每个人都必须去洗牙

（六）请根据“任务一”中的示例内容，简要描述患者的主要症状、诊断情况及治疗方案

____

____

____

____

____

____

拓展学习

一、词汇

"~面"和"~层"

构词语素"~面"和"~层"前面加名词或动词后，都可表示物体的某个面。前者一般指物体的一个面，如"关节面"指构成关节的骨的接触面；后者一般指具有多层次的物体的一个层面，如"皮质层"指毛发中间的一个层面。

易混淆语素	医学词汇
面	咬合面、关节面、侧面
层	表皮层、皮质层、髓质层

二、阅读

牙齿越白越好吗？

很多人把洁白的牙齿视为健康和美的象征。在生活中，各种各样的牙齿美白产品和方法随处可见，但是牙齿真的是越白越好吗？

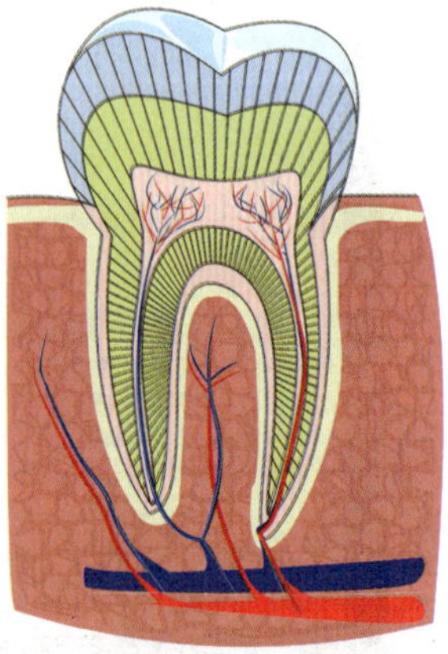

其实，真正意义上的健康牙齿不是白色的，而是淡黄色的。为什么呢？这要从牙齿的结构说起。牙齿主要由牙釉质、牙本质和牙髓三层组成。牙齿表面覆盖着一层牙釉质，呈透明或半透明状态，再往里是牙本质，呈淡黄色。牙齿的颜色就跟这两层有直接的关系。牙齿的钙化程度越高，牙釉质就越透明，这样淡黄色的牙本质就会透出来，从而使牙齿呈淡黄色。如果牙齿的钙化程度低，牙釉质就会呈现出不正常的白色或乳白色。比如，乳牙的牙釉质钙化程度比较低，所以儿童的牙齿一般都是乳白色的。随着年龄的增长，牙齿会出现自然腐蚀的现象，牙釉质会变薄，牙齿的颜色也就会跟着变黄、变暗。所以，淡黄色的牙齿表明你的牙釉质钙化程度很高，是健康的表现。相反，发育不好的牙齿多呈白色，初期龋齿的牙面上也会因脱钙而形成白斑。

由于不了解牙齿的健康色，所以很多人在发现自己的牙齿比别人的黄时，往往会选择去洗牙，以期达到美白效果。其实，这是人们的一个认识误区。洗牙是为了清洁牙齿，因为人的牙齿上有很多牙菌斑、牙结石等附着物，洗牙就是要把这些东西清除干净，使牙齿呈现出本来的颜色。而牙齿美白是通过化学反应使其变白，这其实对牙齿是有损害的。

牙齿对全身健康起着举足轻重的作用，所以健康耐用才是最重要的。太白的牙齿反而会导致五官不协调，不美观。因此，让牙齿呈现出它最健康的样子，才是最好的。

（一）重要医学词语

1. 牙釉质	yáyòuzhì	*n.*	tooth enamel
2. 牙髓	yásuǐ	*n.*	dental pulp
3. 钙化	gàihuà	*v.*	to calcify
4. 乳牙	rǔyá	*n.*	deciduous tooth

5. 牙菌斑	yájūnbān	*n.*	dental plaque
6. 牙结石	yájiéshí	*n.*	dental calculus

（二）阅读材料，回答问题

1. 为什么小孩儿的牙齿一般都是乳白色的？

____

____

____

2. 洗牙可以让牙齿变白吗？为什么？

____

____

____

自我评估

一、生词知多少

你认识下列词语吗？如果认识，请在词语前的“□”里画“√”；如果不认识，请再复习复习。

□ 牙	□ 牙齿	□ 磨牙	□ 咬合面	□ 龋洞
□ 蛀牙	□ 龋齿	□ 敏感	□ 中龋	□ 龋坏
□ 牙本质	□ 补牙	□ 清除	□ 牙体	□ 口腔
□ 细菌	□ 智齿	□ 心理	□ 生理	□ 发育
□ 咀嚼	□ 位置	□ 咬合	□ 牙冠	□ 软组织
□ 发炎	□ 拔除	□ 腐蚀	□ 残留	□ 冠周炎
□ 牙周炎	□ 高发	□ 破坏		

掌握了 29 ～ 33 个：非常好，为你点赞！

掌握了 24 ～ 28 个：不错，继续努力！

掌握了 23 个及以下：好好复习，下次加油！

二、你知道怎么说吗？

你知道下列医学表达用在什么场景中吗？请选择合适的场景。

1. 先躺在这个治疗椅上，张开嘴。（　　）
2. 龋坏的牙齿受到刺激后会比较敏感。（　　）
3. 要注意口腔卫生，防止有害细菌大量繁殖。（　　）
4. 牙齿咬合不正。（　　）
5. 对邻牙造成影响。（　　）

A

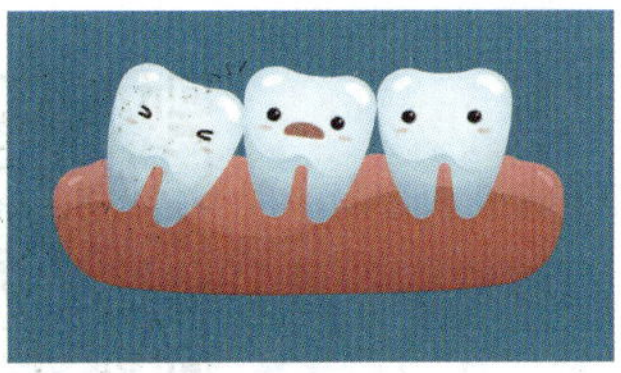

B

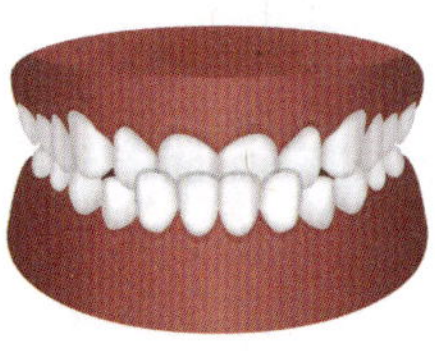

C

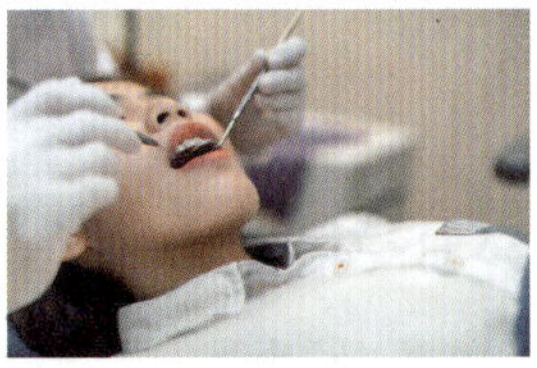

D

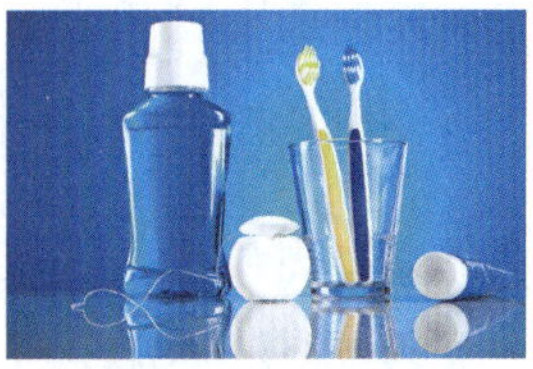

E

第十课
眼睛又干又疲劳

主题热身

一、给下列词语选择对应的图片

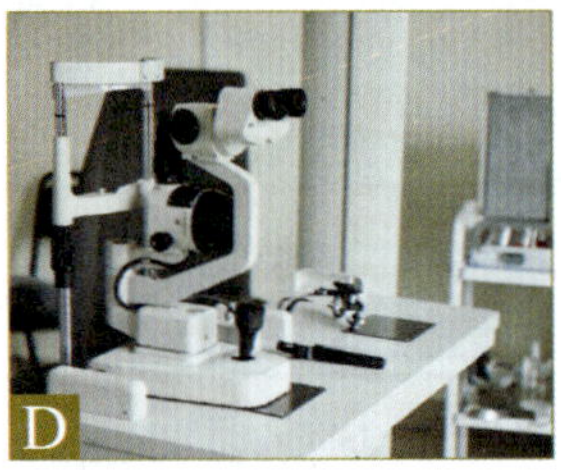

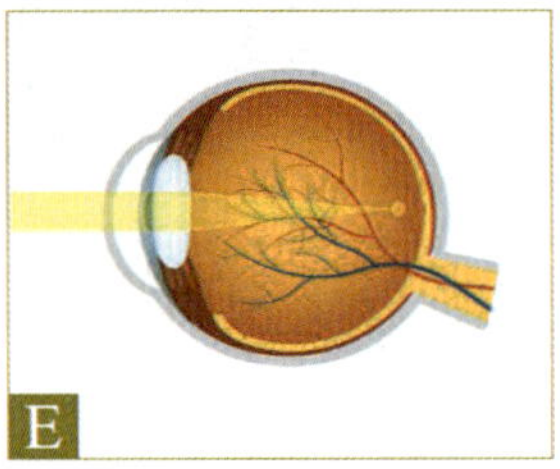

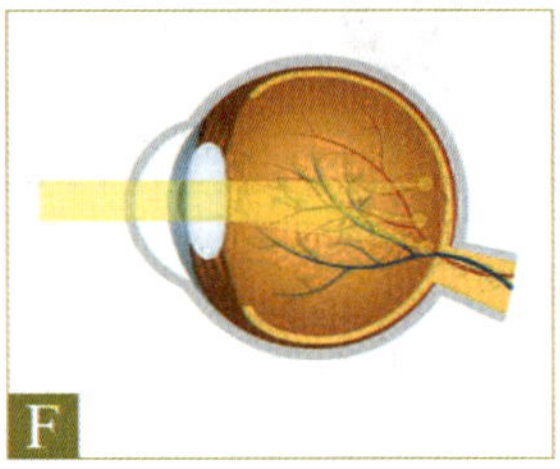

1. 裂隙灯__________　　2. 眼镜__________　　3. 揉眼__________

4. 验光__________　　5. 近视__________　　6. 散光__________

二、听对话，选择正确答案

1. 儿子上次体检时左右眼视力是多少？

A. 4.8　　B. 5.0　　C. 5.1

2. 儿子哪儿不舒服？

A. 耳朵　　B. 牙齿　　C. 眼睛

3. 他们准备什么时候去看医生？

A. 星期五　　B. 星期六　　C. 星期天

扫描二维码，获取听力音频

任务学习

任务一　近视病人的问诊

准备

语言点　选择复句：不是 A，就是 B

读一读

读句子，选择与句子意思一致的一项

他现在每天一回家不是写作业，就是看电脑。

A. 他现在每天一回家不写作业，只看电脑

B. 他现在每天一回家一边写作业，一边看电脑

C. 他现在每天一回家就写作业或看电脑

学一学

“不是 A，就是 B”是选择复句，前后两个分句分别提供 A、B 两个选项。这两个选项非此即彼，没有其他可能。A 和 B 可以是名词性成分、动词性成分或小句。

例句

（1）最近天气不好，不是阴天，就是雨天。

（2）她在家的时候，不是看手机，就是睡觉。

（3）这个任务不是你去做，就是我去做。

练一练

用选择复句“不是 A，就是 B”完成句子

（1）我大概知道他的职业了，＿＿＿＿＿＿＿＿＿＿＿＿＿＿＿＿。

（2）这个假期过得太舒服了，每天＿＿＿＿＿＿＿＿＿＿＿＿＿＿＿＿。

（3）他最近特别忙，＿＿＿＿＿＿＿＿＿＿＿＿＿＿＿＿。

示例

- 科室：眼科（门诊）
- 医生：罗灿
- 患者：陈子峰
- 患者家属：文华

扫描二维码，获取课文和生词音频

罗　灿：你好！你怎么了？

陈子峰：医生，我感觉最近看东西没以前那么清楚了。

罗　灿：从什么时候开始的？

陈子峰：有一个多月了。

罗　灿：你多大了？

陈子峰：我12岁，读初一了。

罗　灿：你最近经常近距离、长时间地用眼[1]吗？

陈子峰：是的，我刚从小学升到初中，感觉学习压力有点儿大。

文　华：是啊，他现在每天一回家不是写作业，就是看电脑，经常十点以后才睡觉。

罗　灿：还有别的症状吗？

文　华：他最近总是揉眼睛，还喜欢眯着眼睛看东西。

生词

1. 距离　jùlí　*n.*　distance
2. 升　shēng　*v.*　to promote
3. 揉　róu　*v.*　to rub
4. 眯　mī　*v.*　to squint

罗 灿：眼睛干不干？

陈子峰：看书看久了就感觉眼睛又干又疲劳。

罗 灿：家里有人近视吗？

陈子峰：我爸爸近视，有600度，妈妈视力挺好的。

罗 灿：你先去做这几项检查。

文 华：验光检查、裂隙灯检查，还有眼部A超，是吗？

罗 灿：是的，这几项检查都在一楼。

文 华：好的。

（一小时后）

陈子峰：医生，这是我的检查结果。

罗 灿：左眼近视100度，右眼近视75度。

陈子峰：那我是不是要配眼镜了？

罗 灿：是的。你这是轻度[2]近视，需要戴眼镜了。

文 华、陈子峰：好吧。

罗 灿：这个阶段你虽然学习很忙，但是一定要保证足够的睡眠，不

5 疲劳 píláo *adj.* tired, fatigued
6 近视 jìnshì *adj.* myopic, short-sighted
7 视力 shìlì *n.* sight
8 验光 yànguāng *v.* to have optometry
9 裂隙灯 lièxìdēng *n.* slit lamp
10 眼部A超 yǎnbù A chāo ophthalmological A-scan ultrasonography
11 眼镜 yǎnjìng *n.* glasses
12 轻度 qīngdù *adj.* mild, light
13 阶段 jiēduàn *n.* stage, period
14 睡眠 shuìmián *n.* sleep

要太劳累。看书时，室内光线要柔和。学习的时候，一定要注意正确的姿势。另外，还要保证每天1～2小时的户外活动，少看手机、电脑等电子产品。每半年至一年应定期复查近视度数，度数上升时要及时更换眼镜。

陈子峰：好的，谢谢医生。

15 劳累 láolèi *adj.* tired, exhausted
16 光线 guāngxiàn *n.* light, ray
17 柔和 róuhé *adj.* gentle, soft
18 姿势 zīshì *n.* posture
19 户外 hùwài *n.* outdoors
20 电子产品 diànzǐ chǎnpǐn electronic product
产品 chǎnpǐn *n.* product
21 至 zhì *v.* to get to
22 度数 dùshu *n.* diopter
23 更换 gēnghuàn *v.* to change, to replace

Note:

1. 用眼：指使用眼睛看东西。与此类似的还有“用脑（子）”。
2. 轻度：表示程度低。与此对应的还有“中度”和“重度”，分别表示程度中等和程度高。

活动

答一答

（1）陈子峰的眼睛怎么了？

（2）陈子峰需要戴眼镜吗？为什么？

说一说

小组讨论：以下哪些是导致近视的原因？讨论后请在下面对应的词语前面画“√”。如果还有别的原因，请写在后面。

□ 长时间使用电子产品

□ 躺着看书

□ 光线昏暗
（hūn'àn，dusky）

□ 错误坐姿

□ 户外运动

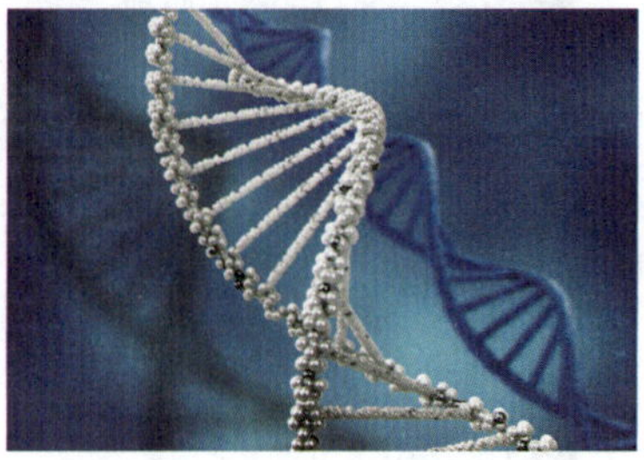

□ 遗传

其他原因：____

读一读

读病历记录表，判断正误

姓名：陈子峰　　性别：男　　年龄：12

就诊医院：×× 医院　　就诊科室：眼科（门）

就诊时间：××-××-××

主诉：看远处视力模糊一个月。

现病史：患者近一个月近距离、长时间用眼，眼睛疲劳，看远处视力模糊，喜揉眼、眯眼，有近视家族史，今来就诊。

眼部检查：验光检查、裂隙灯检查、眼部 A 超。

诊断：双眼屈光不正（qūguāng búzhèng，ametropia）。

医嘱：1. 配戴眼镜；

2. 多休息，多户外活动；

3. 注意坐姿，少看电子产品；

4. 定期复诊。

医生签名：罗灿

（1）近一个月，患者看近处视力模糊。（　　）

（2）患者无近视家族史。（　　）

（3）患者做了验光检查、裂隙灯检查和眼部 A 超。（　　）

任务二　常见的青少年视力问题

准备

语言点　并列复句：既 A，又 / 也 B

读一读

读句子，选择与句子意思一致的一项

这样既锻炼了身体，又使眼睛得到了休息。

A. 这样不仅锻炼了身体，还让眼睛休息了

B. 这样只锻炼了身体，没有让眼睛休息

C. 这样没有锻炼身体，只让眼睛休息了

学一学

"既 A，又 / 也 B"是并列复句，A 和 B 是同时存在的性质、状态或动作。"既 A，又 B"和"既 A，也 B"相比，前者的 B 是说话人突出强调的部分，是全句的重点；后者的 B 仅是对 A 的一种补充。

例句

（1）他写的汉字既整齐，又漂亮。

（2）他写的汉字既整齐，也漂亮。

"既 A，又 B"和"又 A，又 B"

辨析

两者都是并列复句，前者的语意重心在后一句的 B，而后者的语意不分轻重；"既 A，又 B"相对书面化一些，"又 A，又 B"则更口语化一些。

例句

（1）这个办法好，既节约，又环保。

（2）这些天大家既不能出门，也不能请别人来家里做客。

（3）今天他又唱歌，又跳舞，高兴极了。

练一练

用并列复句“既 A，又 / 也 B”完成句子

（1）我非常喜欢春天，这个季节________________________。

（2）狗是人类的朋友，它________________________。

（3）大家都很喜欢他，因为他________________________。

示例

扫描二维码，获取课文和生词音频

每个人都希望拥有一双明亮的眼睛，但近年来，由于用眼过度、电子产品普及、户外活动缺乏和遗传等因素，越来越多的青少年出现了视力问题。

对青少年来说，常见的视力问题有弱视、近视、斜视和散光。弱视的主要表现有视力低于正常值，看东西时常歪头、眯眼，走路时容易摔倒，部分患者甚至无法正确判断物体的方位和远近。

生词

1. 拥有 yōngyǒu *v.* to have, to possess
2. 明亮 míngliàng *adj.* light, bright
3. 近年来 jìnnián lái in recent years
4. 缺乏 quēfá *v.* to be short of, to lack
5. 遗传 yíchuán *v.* to inherit
6. 弱视 ruòshì *adj.* amblyopic
7. 斜视 xiéshì *n./v.* strabismus; to look awry
8. 散光 sǎnguāng *adj.* astigmatic
9. 表现 biǎoxiàn *n.* manifestation
10. 歪 wāi *adj.* askew
11. 方位 fāngwèi *n.* direction and position

近视的典型表现有远视力减退而近视力正常，看远处物体时喜欢眯着眼睛，过度用眼后会出现重影、畏光、眼干、眼痒等症状。斜视的典型表现是两眼不能同时注视目标，看东西时常采用偏头、侧[1]脸等头位来克服视物时的不适，在强光下会习惯性地眯着或闭着一只眼。散光的主要表现有视力模糊或扭曲，用眼时间过长就可能出现眼胀、头痛、阅读重影等症状。

家长如果发现孩子出现以上症状，应该及早带孩子诊治，及时矫正。青少年平时也要注意保护眼睛，养成良好的用眼习惯，保持正确的读写姿势，坚持眼部锻炼，缓解眼部疲劳。此外，青少年还要养成良好的生活习惯，不偏食，不挑食，多吃水果和蔬菜；早睡早起，劳逸结合，多参加户外活动，这样既锻炼了身体，又使眼睛得到了休息。

12 减退　jiǎntuì　*v.*　to subside, to wane
13 重影　chóngyǐng　*n.*　ghosting, double image
14 畏光　wèiguāng　*v.*　to feel photophobic
15 痒　yǎng　*adj.*　itchy
16 注视　zhùshì　*v.*　to gaze at
17 侧　cè　*v.*　to turn, to tilt
18 头位　tóuwèi　*n.*　head posture
19 闭　bì　*v.*　to close, to shut
20 模糊　móhu　*adj.*　vague, obscure
21 扭曲　niǔqū　*v.*　to distort
22 眼胀　yǎnzhàng　*n.*　swollen eye
23 阅读　yuèdú　*v.*　to read
24 及早　jízǎo　*adv.*　as early as possible
25 诊治　zhěnzhì　*v.*　to diagnose and treat
26 矫正　jiǎozhèng　*v.*　to correct, to rectify
27 养成　yǎngchéng　*v.*　to cultivate
28 缓解　huǎnjiě　*v.*　to relieve
29 偏食　piānshí　*v.*　to have monophagia
30 挑食　tiāoshí　*v.*　to be picky about food
31 劳逸结合　láoyì jiéhé　to alternate work with rest

Note:

1. 侧：可做名词，也可做动词。做名词时指旁边，如“右侧”；做动词时表示向旁边歪斜，如“侧脸”。

活动

答一答

（1）常见的青少年视力问题有哪些？

（2）青少年应该如何保护眼睛？

说一说

小组活动：四人一组，每人轮流以护士的身份向大家介绍常见的青少年视力问题，其他三人做好记录。

每个人都希望拥有一双明亮的眼睛，但……

任务操练

实践

两人一组，根据图片场景，使用下列词语，模拟医生和病人之间的对话。

场景提示：病人因视力下降就诊，医生问诊。

参考词语：用眼过度　疲劳　验光　近视　配眼镜　户外活动

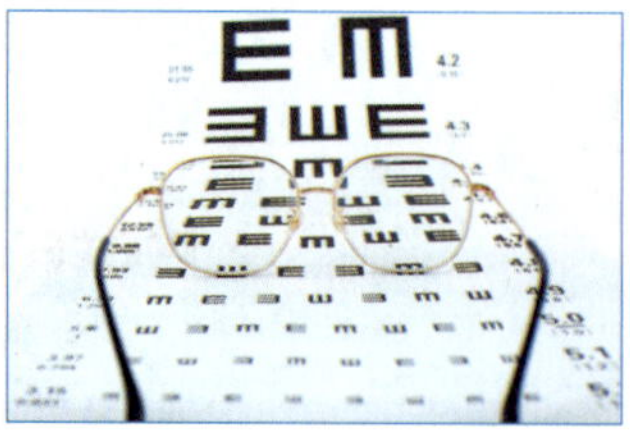
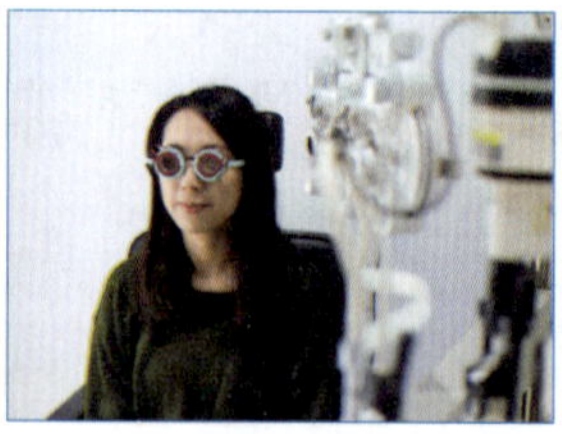

练习

（一）词语搭配

揉	作业
做	眼镜
戴	蔬菜
吃	眼睛

养成	视力
坚持	习惯
缓解	疲劳
矫正	锻炼

（二）选择正确的词语填空

阶段　睡眠　劳累　缺乏　距离　弱视　模糊　挑食

1. 小刘刚参加工作，工作热情很高，但是（　　）经验。
2. 长期近（　　）用眼很容易导致视力下降。
3. 我现在不戴眼镜的话，眼前就是一片（　　）。
4. 长期过度（　　）可能会引发各种疾病。
5. 长期（　　）不足，导致他上课时无法集中注意力，从而严重影响了学习。
6. 下个月就要进行毕业考试了，全班都进入了紧张的复习（　　）。
7. 父母要注意培养（péiyǎng，develop）孩子不偏食、不（　　）的饮食习惯。
8. 他的眼睛有点儿（　　），所以他看东西时常常歪着头。

（三）组词成句

1. 眯着　孩子　眼睛　老是　看东西　最近

____

2. 姿势　注意　学习时　要　正确的　保持

____

3. 更换　及时　上升时　要　近视度数　眼镜

____

4. 问题　很多　都　出现了　视力　青少年

____

5. 眼睛　每个人　注意　应该　保护　都

____

（四）用指定词语或结构完成对话

1. A：小刚的学习成绩怎么那么好啊？

B：______________，学习当然好了。（不是……，就是……）

2. A：周末你们一般去哪儿玩儿？

B：我经常带孩子去户外活动，这样______________。

（既……，又……）

3. A：医生，这个手术有风险吗？

B：______________，完全没有风险的手术是不存在的。

（虽然……，但是……）

4. A：不知道最近是怎么了，我______________。（总是）

B：是不是工作太累了？你应该多注意休息。

5. A：怎么回事？为什么突然要退出呢？

B：______________，我没有办法继续参加比赛了。（由于）

（五）阅读语段，选择与语段意思一致的一项

1. 在生活中，有一些人虽然近视了，但不喜欢戴眼镜。他们认为戴眼镜的时间越长，近视的度数就会升得越快。其实，这是不科学的。正确地佩戴近视眼镜并不会使度数快速升高，反而能消除眼睛疲劳，有效阻止或减缓近视的发展。

   A. 有的人觉得戴眼镜不好看

   B. 眼镜戴久了会加深近视

   C. 近视的人应该正确地配戴眼镜

2. 在近视这个问题上，预防比矫正、治疗更关键（guānjiàn, crucial）。有研究表明，户外活动是预防近视最简单的方法，充分接触阳光可以有效地保护视力。因此，针对青少年的近视问题，学校要加强学生的户外体育锻炼，家长也要积极引导孩子多进行户外活动，保证充足的户外活动时间。

   A. 视力的矫正和治疗没那么重要

   B. 户外活动有助于视力健康

   C. 不近视的人更要多去户外活动

（六）请根据“任务一”中的示例内容，简要描述患者的主要症状、诊断情况及治疗方案

____

____

____

____

____

拓展学习

一、词汇

“~视”和“~眼”

构词语素“~视”和“~眼”构成的词语一般都与眼睛有关。前者多指眼睛看物体的能力，也就是视力，如“近视”指只能看清近处的物体；后者多指眼睛本身，如“干眼”指一种泪液分泌有障碍的眼病。

易混淆语素	医学词汇
视	近视、远视（hyperopia）、老视、弱视、斜视
眼	干眼、青光眼

二、阅读

蓝光对眼睛的危害

在现代社会，人们工作和生活中都离不开电子产品，而且使用电子产品的时间还越来越长。然而，使用电子产品时其屏幕会产生大量蓝光，有的蓝光会对眼睛产生不利影响。

研究表明，对眼睛来说，波长为385～445纳米的蓝光属于有害蓝光。这些蓝光具有极高的能量，能够穿透晶状体，直达视网膜，引起视网膜色素上皮细胞的萎缩甚至死亡，从而导致视力下降甚至丧失。另外，蓝光是可视光线中波长最短的光线，经晶状体聚焦之后，

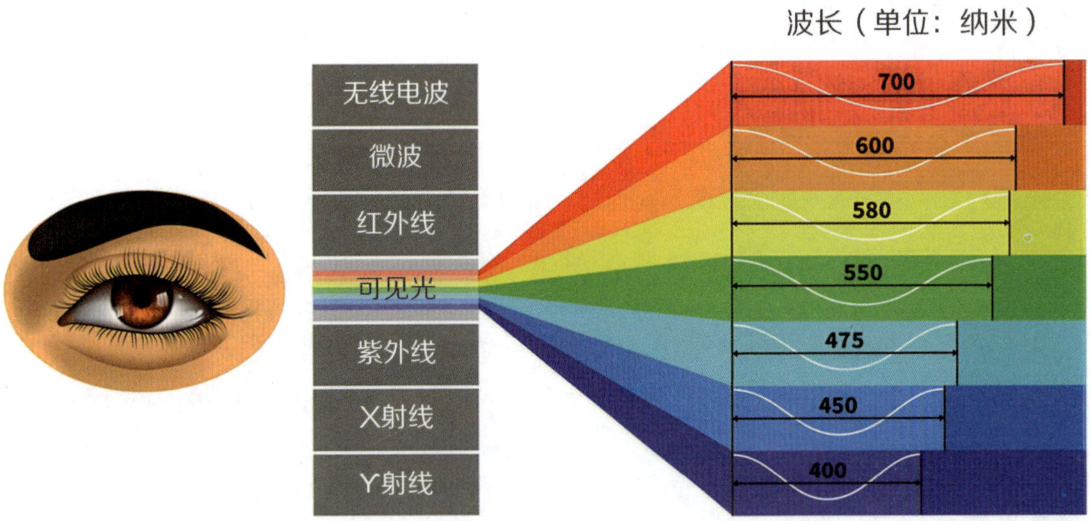

它的焦距最短，焦点会落在视网膜和晶状体之间，这就增大了光线在眼内聚焦的色差距离，使眼睛视物色差加剧，从而让人视觉模糊。为了看清楚，眼睛会长时间进行调节，这使得睫状肌肌肉过于紧张，甚至出现痉挛，从而导致视觉疲劳。

那么，人们应该采取哪些保护措施减少蓝光对眼睛的危害呢？第一，减少使用电子产品。电子产品的屏幕是有害蓝光的主要来源，所以最直接的方式就是尽可能减少手机、电脑等电子产品的使用时间。必须使用时，也最好与屏幕保持合适的距离，同时将屏幕亮度调节至令眼睛舒适的程度。第二，科学合理地用眼。日常生活中无论是在工作还是在娱乐，使用电子产品时一定要注意及时休息，用眼 20 分钟后需要远眺 6 米以外的物体 20 秒以上，这样做可以避免眼部肌肉一直处于紧张状态，让眼睛及时得到休息和放松。第三，佩戴防蓝光眼镜。在日常工作和生活中，有的人需要长时间处于电子屏幕前，让他们远离手机、电脑等电子产品基本不太现实，那么佩戴防蓝光眼镜就成了一个比较合适的选择。

（一）重要医学词语

1. 晶状体	jīngzhuàngtǐ	*n.*	crystalline lens
2. 视网膜	shìwǎngmó	*n.*	retina
3. 萎缩	wěisuō	*v.*	to atrophy
4. 丧失	sàngshī	*v.*	to lose
5. 睫状肌	jiézhuàngjī	*n.*	ciliary muscle
6. 痉挛	jìngluán	*v.*	to convulse

（二）阅读材料，回答问题

1. 减少蓝光对眼睛危害的最直接方式是什么？

____

____

____

2. 如何科学合理地用眼？

____

____

____

自我评估

一、生词知多少

你认识下列词语吗？如果认识，请在词语前的“□”里画“√”；如果不认识，请再复习复习。

□ 疲劳	□ 近视	□ 视力	□ 验光
□ 裂隙灯	□ 眼部 A 超	□ 轻度	□ 阶段
□ 睡眠	□ 劳累	□ 姿势	□ 度数
□ 缺乏	□ 遗传	□ 弱视	□ 斜视
□ 散光	□ 减退	□ 重影	□ 畏光
□ 痒	□ 注视	□ 侧	□ 头位
□ 模糊	□ 眼胀	□ 及早	□ 诊治
□ 矫正	□ 缓解	□ 偏食	□ 挑食

掌握了 28 ～ 32 个：非常好，为你点赞！

掌握了 23 ～ 27 个：不错，继续努力！

掌握了 22 个及以下：好好复习，下次加油！

二、你知道怎么说吗？

你知道下列医学表达用在什么场景中吗？请选择合适的场景。

1. 要保证足够的睡眠，不要太劳累。（　　）
2. 室内光线要柔和。（　　）
3. 少看手机、电脑等电子产品。（　　）
4. 保持正确的读写姿势。（　　）
5. 不偏食，不挑食。（　　）

A

B

C

D

E

附　录

语法术语缩略形式一览表

缩略形式	英文名称	中文名称
adj.	Adjective	形容词
adv.	Adverb	副词
conj.	Conjunction	连词
int.	Interjection	叹词
m.	Measure Word	量词
n.	Noun	名词
num.	Numeral	数词
ono.	Onomatopoeia	拟声词
part.	Particle	助词
PN	Proper Noun	专有名词
pref.	Prefix	前缀
prep.	Preposition	介词
pron.	Pronoun	代词
q.	Quantifier	数量词
suf.	Suffix	后缀
v.	Verb	动词

生词表

词语	拼音	词性	英译	课号
A				
癌变	áibiàn	*v.*	to cancerate	7
嗳气	àiqì	*v.*	to belch	3
按时	ànshí	*adv.*	on time	3
熬夜	áoyè	*v.*	to stay up late	8
B				
B超	B chāo	*n.*	B-scan ultrasonography	7
拔	bá	*v.*	to pull out	9
拔除	báchú	*v.*	to pull out, to uproot	9
白带	báidài	*n.*	leucorrhea	8
白细胞	báixìbāo	*n.*	leucocyte	3
办理	bànlǐ	*v.*	to go through	6
半坐卧位	bànzuòwòwèi	*n.*	fowler position	6
伴有	bànyǒu	*v.*	to be accompanied by	3
包括	bāokuò	*v.*	to include	7
包扎	bāozā	*v.*	to bandage	5
保持	bǎochí	*v.*	to keep	1
保暖	bǎonuǎn	*v.*	to keep warm	2
保守	bǎoshǒu	*adj.*	conservative	6
鼻涕	bítì	*n.*	nasal mucus	1
闭	bì	*v.*	to close, to shut	10

词语	拼音	词性	英译	课号
避免	bìmiǎn	*v.*	to avoid	1
编辑	biānji	*n.*	editor	7
表现	biǎoxiàn	*n.*	manifestation	10
髌骨	bìngǔ	*n.*	patella	5
冰	bīng	*n.*	ice	3
并发症	bìngfāzhèng	*n.*	complication	6
病变	bìngbiàn	*v.*	to develop a lesion	6
病房	bìngfáng	*n.*	ward (of a hospital)	2
病历	bìnglì	*n.*	medical record	2
病情	bìngqíng	*n.*	state of an illness	7
病史	bìngshǐ	*n.*	history of disease	2
不当	búdàng	*adj.*	improper	3
不适	búshì	*adj.*	uncomfortable	6
补充	bǔchōng	*v.*	to replenish	4
补牙	bǔ yá		to fill a tooth	9
不良	bùliáng	*adj.*	harmful, unhealthy	4
不停	bù tíng		without stop	1
部位	bùwèi	*n.*	position, place	3

C

C 肽释放试验	C tài shìfàng shìyàn		C-peptide releasing test	4
材料	cáiliào	*n.*	material	9
采取	cǎiqǔ	*v.*	to adopt, to take	6
残留	cánliú	*v.*	to remain	9
侧	cè	*v.*	to turn, to tilt	10

词语	拼音	词性	英译	课号
测	cè	*v.*	to measure	4
查房	cháfáng	*v.*	to make ward rounds	2
拆线	chāixiàn	*v.*	to remove stitches	5
产后	chǎnhòu	*n.*	after childbirth	8
产品	chǎnpǐn	*n.*	product	10
产生	chǎnshēng	*v.*	to produce, to arise	9
产物	chǎnwù	*n.*	outcome, product	9
肠胃	chángwèi	*n.*	intestines and stomach	3
肠粘连	chángzhānlián	*n.*	intestinal adhesion	6
常规	chángguī	*n.*	routine	1
场所	chǎngsuǒ	*n.*	place, site	8
潮湿	cháoshī	*adj.*	damp, moist	8
称呼	chēnghu	*n./v.*	name; to call	4
成熟	chéngshú	*adj.*	mature	9
持续	chíxù	*v.*	to last	2
尺骨	chǐgǔ	*n.*	ulna	5
充填	chōngtián	*v.*	to fill	9
重影	chóngyǐng	*n.*	ghosting, double image	10
抽烟	chōuyān	*v.*	to smoke	2
出差	chūchāi	*v.*	to make a business trip	3
出血	chū xiě		to bleed	5
处方笺	chǔfāngjiān	*n.*	prescription	1
处理	chǔlǐ	*v.*	to handle, to deal with	5
杵状指	chǔzhuàngzhǐ	*n.*	clubbed finger	2
储存	chǔcún	*v.*	to store	7

词语	拼音	词性	英译	课号
触痛	chùtòng	*n.*	touched pain	7
穿孔	chuānkǒng	*v.*	to perforate	6
传染	chuánrǎn	*v.*	to infect	8
喘息	chuǎnxī	*v.*	to wheeze	1
创伤	chuāngshāng	*n.*	wound	6
此	cǐ	*pron.*	this, here, now	3
此外	cǐwài	*conj.*	in addition	4
次数	cìshù	*n.*	time, frequency	4
刺激	cìjī	*v.*	to stimulate, to excite	2
粗	cū	*adj.*	thick	2
粗粮	cūliáng	*n.*	coarse grain	4
促进	cùjìn	*v.*	to promote, to facilitate	5

D

打喷嚏	dǎ pēntì		to sneeze	1
打扫	dǎsǎo	*v.*	to sweep, to clean	1
打针	dǎzhēn	*v.*	to have/give an injection	1
大便	dàbiàn	*n.*	stool, shit	3
大便常规检查（便常规）	dàbiàn chángguī jiǎnchá		routine stool examination	3
大爷	dàye	*n.*	uncle	4
戴	dài	*v.*	to wear, to put on	1
担心	dānxīn	*v.*	to worry	7
胆道	dǎndào	*n.*	biliary tract	7
胆道系统	dǎndào xìtǒng		biliary system	7

词语	拼音	词性	英译	课号
胆固醇	dǎngùchún	*n.*	cholesterol	7
胆囊	dǎnnáng	*n.*	gall bladder	7
胆囊管	dǎnnángguǎn	*n.*	cystic duct	7
胆石病	dǎnshíbìng	*n.*	cholelithiasis	7
胆汁	dǎnzhī	*n.*	bile	7
胆总管	dǎnzǒngguǎn	*n.*	common bile duct	7
蛋白质	dànbáizhì	*n.*	protein	4
导致	dǎozhì	*v.*	to cause, to lead to	2
得	děi	*v.*	to have to	1
滴虫阴道炎	dīchóng yīndàoyán	*n.*	trichomonal vaginitis	8
抵抗力	dǐkànglì	*n.*	resistance	2
第二磨牙	dì-èr móyá		second molar	9
第三磨牙	dì-sān móyá		third molar	9
第一磨牙	dì-yī móyá		first molar	9
典型	diǎnxíng	*adj.*	typical	2
电子产品	diànzǐ chǎnpǐn		electronic product	10
定期	dìngqī	*adj.*	regular	1
东湖	Dōng Hú	*PN*	East Lake	1
冬季	dōngjì	*n.*	winter	2
豆制品	dòuzhìpǐn	*n.*	bean products	4
肚子	dùzi	*n.*	abdomen, belly	3
度数	dùshu	*n.*	diopter	10
锻炼	duànliàn	*v.*	to take exercise	1
对于	duìyú	*prep.*	to, for	4

词语	拼音	词性	英译	课号
E				
恶心	ěxin	*v.*	to feel sick	3
F				
发病	fābìng	*v.*	(of a disease) to attack	2
发挥	fāhuī	*v.*	to give play to	9
发烧	fāshāo	*v.*	to have a fever	6
发炎	fāyán	*v.*	to inflame	9
发育	fāyù	*v.*	to develop, to grow	9
发作	fāzuò	*v.*	to seizure	1
繁殖	fánzhí	*v.*	to breed, to reproduce	8
反而	fǎn'ér	*adv.*	on the contrary	3
反复	fǎnfù	*adv.*	repeatedly	2
反酸	fǎnsuān	*v.*	to have acid regurgitation	3
反跳痛	fǎntiàotòng	*n.*	rebound tenderness	6
方案	fāng'àn	*n.*	scheme, plan	6
方位	fāngwèi	*n.*	direction and position	10
防范	fángfàn	*v.*	to be on guard	8
防护	fánghù	*v.*	to protect	1
防止	fángzhǐ	*v.*	to prevent	9
放松	fàngsōng	*v.*	to relax	1
非特异性炎症	fēitèyìxìng yánzhèng		nonspecific inflammation	2
肥胖	féipàng	*adj.*	obese	4
腓骨	féigǔ	*n.*	fibula	5
肺	fèi	*n.*	lung	1

词语	拼音	词性	英译	课号
肺炎	fèiyán	*n.*	pneumonia	2
分泌	fēnmì	*v.*	to secrete	3
分泌物	fēnmìwù	*n.*	secretion	8
分为	fēnwéi		to divide into	3
粉尘	fěnchén	*n.*	dust, stive	1
风险	fēngxiǎn	*n.*	risk	6
敷	fū	*v.*	to externally apply (ointment)	5
服用	fúyòng	*v.*	to take (medicine)	1
辅食	fǔshí	*n.*	complementary food	6
腐蚀	fǔshí	*v.*	to corrode	9
妇科	fùkē	*n.*	gynecology department	8
妇女	fùnǚ	*n.*	woman	8
附件	fùjiàn	*n.*	adnexa	8
复查	fùchá	*v.*	to check, to reexamine	5
复位	fùwèi	*v.*	to reset	5
腹部	fùbù	*n.*	abdomen	3
腹肌紧张	fùjī jǐnzhāng		abdominal muscular tension	6
腹膜刺激征象	fùmó cìjī zhēngxiàng	*n.*	sign of peritoneal irritation	6
腹腔	fùqiāng	*n.*	abdominal cavity	6
腹腔镜	fùqiāngjìng	*n.*	laparoscope	6
腹痛	fùtòng	*n.*	abdominal pain	6
腹泻	fùxiè	*v.*	to have a diarrhea	3
腹胀	fùzhàng	*n.*	abdominal distension	3

词语	拼音	词性	英译	课号
G				
干咳	gānké	*v.*	to have a dry cough	1
干燥	gānzào	*adj.*	dry	8
肝硬化	gānyìnghuà	*n.*	liver cirrhosis	7
赶紧	gǎnjǐn	*adv.*	quickly	4
感染	gǎnrǎn	*v.*	to infect	1
高发	gāofā	*adj.*	(of diseases, accidents, etc.) frequently occurred	9
高血压	gāoxuèyā	*n.*	hypertension	4
高脂血症	gāozhīxuèzhèng	*n.*	hyperlipidemia	7
根据	gēnjù	*prep.*	on the basis of	3
根治	gēnzhì	*v.*	to cure once and for all	4
跟腱	gēnjiàn	*n.*	achilles tendon	5
跟腱断裂	gēnjiàn duànliè		achilles tendon rupture	5
更换	gēnghuàn	*v.*	to change, to replace	10
梗阻性黄疸	gěngzǔxìng huángdǎn		obstructive jaundice	7
功能	gōngnéng	*n.*	function	4
肱骨	gōnggǔ	*n.*	humerus	5
宫保鸡丁	gōngbǎo jīdīng		Kung Pao chicken	3
共	gòng	*adv.*	totally	9
股骨	gǔgǔ	*n.*	femur	5
骨折	gǔzhé	*v.*	to fracture	5
鼓励	gǔlì	*v.*	to encourage	6
固定	gùdìng	*v.*	to fix	5
观察	guānchá	*v.*	to observe	8

词语	拼音	词性	英译	课号
冠周炎	guānzhōuyán	*n.*	pericoronitis	9
光线	guāngxiàn	*n.*	light, ray	10
归	guī		to return, to go back	3
规律	guīlǜ	*n./adj.*	regularity; regular	7
过度	guòdù	*adj.*	excessive	3
过渡	guòdù	*v.*	to transit	6
过敏	guòmǐn	*v.*	to be allergic	1
过敏原	guòmǐnyuán	*n.*	allergen	1

H

词语	拼音	词性	英译	课号
寒冷	hánlěng	*adj.*	cold, frigid	2
毫升	háoshēng	*m.*	milliliter	1
好	hào	*v.*	to be fond of	3
核磁共振	hécígòngzhèn	*n.*	magnetic resonance imaging	5
呼吸	hūxī	*v.*	to breathe	1
呼吸道	hūxīdào	*n.*	respiratory tract	1
户外	hùwài	*n.*	outdoors	10
护理	hùlǐ	*v.*	to nurse, to take care of	6
花粉	huāfěn	*n.*	pollen	1
化脓	huànóng	*v.*	to fester, to suppurate	6
缓解	huǎnjiě	*v.*	to relieve	10
患	huàn	*v.*	to suffer from	2
患者	huànzhě	*n.*	patient	1
黄疸	huángdǎn	*n.*	jaundice	7
灰尘	huīchén	*n.*	dust	1

词语	拼音	词性	英译	课号
恢复	huīfù	*v.*	to recover	6
昏迷	hūnmí	*v.*	to be in a coma	4
火锅	huǒguō	*n.*	hot pot	3

J

饥饿	jī'è	*adj.*	hungry	3
肌腱	jījiàn	*n.*	tendon	5
肌肉	jīròu	*n.*	muscle	5
基本上	jīběnshàng	*adv.*	basically	8
激烈	jīliè	*adj.*	intense, fierce	5
及其	jí qí		and (its/their/his/her)	2
及早	jízǎo	*adv.*	as early as possible	10
急性	jíxìng	*adj.*	acute	1
急性上呼吸道感染（上感）	jíxìng shànghūxīdào gǎnrǎn	*n.*	acute upper respiratory infection	1
急诊	jízhěn	*n.*	emergency treatment	6
疾病	jíbìng	*n.*	disease	2
系	jì	*v.*	to tie	5
季节	jìjié	*n.*	season	2
寄生虫	jìshēngchóng	*n.*	parasite	8
加上	jiāshàng	*conj.*	in addition	7
加重	jiāzhòng	*v.*	to aggravate	1
家族史	jiāzúshǐ	*n.*	family history	4
肩	jiān	*n.*	shoulder	7
肩胛骨	jiānjiǎgǔ	*n.*	shoulder blade, scapula	5

词语	拼音	词性	英译	课号
监测	jiāncè	*v.*	to monitor	4
检测	jiǎncè	*v.*	to test	3
减轻	jiǎnqīng	*v.*	to lighten	3
减少	jiǎnshǎo	*v.*	to reduce	5
减退	jiǎntuì	*v.*	to subside, to wane	10
简称	jiǎnchēng	*v.*	to be called for short	2
间接	jiànjiē	*adj.*	indirect	8
健身	jiànshēn	*v.*	to keep fit	8
健身房	jiànshēnfáng	*n.*	gymnasium	8
降糖药	jiàngtángyào	*n.*	hypoglycemics	4
交费	jiāofèi	*v.*	to pay the fees	1
绞痛	jiǎotòng	*adj.*	colic, anginal	7
矫正	jiǎozhèng	*v.*	to correct, to rectify	10
脚后跟	jiǎohòugen	*n.*	heel	5
阶段	jiēduàn	*n.*	stage, period	10
接触	jiēchù	*v.*	to touch, to contact	1
接种	jiēzhòng	*v.*	to inoculate	2
洁身自好	jiéshēn-zìhào		to keep one's integrity or chastity	8
结合	jiéhé	*v.*	to combine, to link	7
结石	jiéshí	*n.*	stone, calculus	7
尽快	jǐnkuài	*adv.*	as quickly as possible	6
尽量	jǐnliàng	*adv.*	as far as possible	1
紧急	jǐnjí	*adj.*	urgent	6
紧身裤	jǐnshēnkù	*n.*	skinny pants	8

词语	拼音	词性	英译	课号
进化	jìnhuà	*v.*	to evolve	9
进食	jìnshí	*v.*	to eat	3
近年来	jìnnián lái		in recent years	10
近视	jìnshì	*adj.*	myopic, short-sighted	10
禁食	jìnshí	*v.*	to fast	6
经期	jīngqī	*n.*	menstrual period	8
胫骨	jìnggǔ	*n.*	tibia	5
竟然	jìngrán	*adv.*	unexpectedly	5
静脉血栓	jìngmài xuèshuān	*n.*	venous thrombosis	6
久而久之	jiǔ'érjiǔzhī		as time passes	7
就医	jiùyī	*v.*	to go to a doctor	8
就诊	jiùzhěn	*v.*	to see a doctor	2
咀嚼	jǔjué	*v.*	to masticate, to chew	9
剧烈	jùliè	*adj.*	strenuous, fierce	1
距离	jùlí	*n.*	distance	10
绝大多数	jué dàduōshù		overwhelming majority	5
均衡	jūnhéng	*adj.*	balanced	2
菌群	jūnqún	*n.*	flora	8

K

咯血	kǎxiě	*v.*	to cough up blood	2
开药	kāi yào		to prescribe	1
考虑	kǎolǜ	*v.*	to consider	6
颗	kē	*m.*	a measure word used to indicate sth. granular	7

词语	拼音	词性	英译	课号
咳嗽	késou	*v.*	to cough	1
空腹	kōngfù	*v.*	to be on an empty stomach	4
空腹血糖	kōngfù xuètáng		fasting blood glucose	4
控制	kòngzhì	*v.*	to control	1
口腔	kǒuqiāng	*n.*	oral cavity	9
口罩	kǒuzhào	*n.*	mask	1
扣杀	kòushā	*v.*	to smash (the ball)	5
髋骨	kuāngǔ	*n.*	innominate bone, hip bone	5
溃疡	kuìyáng	*v.*	to ulcerate	3
扩张	kuòzhāng	*v.*	to dilate	2

L

词语	拼音	词性	英译	课号
阑尾	lánwěi	*n.*	vermiform appendix	6
劳累	láolèi	*adj.*	tired, exhausted	10
劳逸结合	láoyì jiéhé		to alternate work with rest	10
乐观	lèguān	*adj.*	optimistic	2
厘米	límǐ	*m.*	centimeter	7
力气	lìqi	*n.*	strength	3
连续	liánxù	*v.*	to be consecutive, to continue	2
良好	liánghǎo	*adj.*	good, fine	2
裂隙灯	lièxìdēng	*n.*	slit lamp	10
邻牙	línyá	*n.*	adjacent tooth	9
临床	línchuáng	*v.*	to practice clinically	5
流鼻涕	liú bítì		to have a runny nose	1
流感	liúgǎn	*n.*	flu, influenza	2

词语	拼音	词性	英译	课号
流食	liúshí	*n.*	liquid food	6
流通	liútōng	*v.*	to circulate	2
流质	liúzhì	*adj./n.*	fluid, liquid	3
颅骨	lúgǔ	*n.*	skull, harnpan	5
啰音	luóyīn	*n.*	rale	2
落地	luòdì	*v.*	to fall to the ground	5

M

麻辣	málà	*adj.*	peppery and spicy	3
麻辣烤鱼	málà kǎoyú		spicy grilled fish	3
麻婆豆腐	Mápó dòufu		Mapo tofu	3
麦氏点	màishìdiǎn	*n.*	McBurney point	6
慢性	mànxìng	*adj.*	chronic	2
毛滴虫	máodīchóng	*n.*	trichomonad	8
毛发	máofà	*n.*	hair	1
毛巾	máojīn	*n.*	towel	8
蒙脱石散	méngtuōshísǎn	*n.*	montmorillonite powder	3
眯	mī	*v.*	to squint	10
棉质	miánzhì	*n.*	cotton	8
面部	miànbù	*n.*	face	9
敏感	mǐngǎn	*adj.*	sensitive	9
明亮	míngliàng	*adj.*	light, bright	10
明显	míngxiǎn	*adj.*	obvious	2

词语	拼音	词性	英译	课号
N				
内分泌	nèifēnmì	*n.*	internal secretion, endocrine	8
内裤	nèikù	*n.*	underpants	8
年龄	niánlíng	*n.*	age	9
黏膜	niánmó	*n.*	mucosa	2
尿	niào	*n./v.*	urine; to urinate	4
尿量	niàoliàng	*n.*	urine volume	4
尿频	niàopín	*v.*	to urinate frequently	4
尿糖	niàotáng	*n.*	urine glucose	4
扭曲	niǔqū	*v.*	to distort	10
扭伤	niǔshāng	*v.*	to sprain	5
浓缩	nóngsuō	*v.*	to concentrate	7
女士	nǚshì	*n.*	lady, miss	7
女性	nǚxìng	*n.*	woman	7
O				
呕吐（吐）	ǒutù	*v.*	to vomit	3
偶尔	ǒu'ěr	*adv.*	occasionally	8
P				
pH 值	pH zhí		pH value	8
啪	pā	*ono.*	bang, crack	5
排出	páichū		to discharge	7
排除	páichú	*v.*	to exclude	2
排石	pái shí		to remove the urinary calculus	7

词语	拼音	词性	英译	课号
排痰	páitán	*v.*	to excrete sputum	2
泡	pào	*v.*	to soak	5
疲劳	píláo	*adj.*	tired, fatigued	10
偏	piān	*adv.*	slightly	4
偏食	piānshí	*v.*	to have monophagia	10
平均	píngjūn	*v.*	to average	7
平卧位	píngwòwèi	*n.*	supine position	6
破坏	pòhuài	*v.*	to destroy	9

Q

词语	拼音	词性	英译	课号
气管	qìguǎn	*n.*	trachea	2
气雾剂	qìwùjì	*n.*	aerosol	1
器官	qìguān	*n.*	organ	7
浅层	qiǎncéng	*n.*	superficial layer	9
敲	qiāo	*v.*	to knock, to beat	9
切除	qiēchú	*v.*	to excise, to remove	6
勤	qín	*adj.*	often, frequent	8
轻度	qīngdù	*adj.*	mild, light	10
清除	qīngchú	*v.*	to eliminate	9
清淡	qīngdàn	*adj.*	bland, light	2
清洁	qīngjié	*adj.*	clean	6
清洗	qīngxǐ	*v.*	to wash, to clean	8
躯干	qūgàn	*n.*	trunk	5
龋齿	qǔchǐ	*n.*	dental caries	9
龋洞	qǔdòng	*n.*	carious cavity	9

词语	拼音	词性	英译	课号
龋坏	qǔhuài	*v.*	to decay	9
全身	quánshēn	*n.*	whole body	6
缺乏	quēfá	*v.*	to be short of, to lack	10
缺氧	quēyǎng	*v.*	to lack oxygen	2
却	què	*adv.*	yet	4

R

词语	拼音	词性	英译	课号
桡骨	ráogǔ	*n.*	radius	5
热身	rèshēn	*v.*	to warm up	5
热水	rèshuǐ	*n.*	hot water	5
人体	réntǐ	*n.*	human body	5
韧带	rèndài	*n.*	ligament	5
妊娠	rènshēn	*v.*	to be pregnant	7
妊娠期	rènshēnqī	*n.*	gestational period	8
日常	rìcháng	*adj.*	daily	8
溶石	róng shí		to dissolve the urinary calculus	7
柔和	róuhé	*adj.*	gentle, soft	10
揉	róu	*v.*	to rub	10
肉眼	ròuyǎn	*n.*	naked eye	8
软食	ruǎnshí	*n.*	soft food	6
软组织	ruǎnzǔzhī	*n.*	soft tissue	9
弱视	ruòshì	*adj.*	amblyopic	10

S

词语	拼音	词性	英译	课号
三餐不定	sān cān búdìng		to have meals irregularly	7

词语	拼音	词性	英译	课号
散光	sǎnguāng	*adj.*	astigmatic	10
嗓子	sǎngzi	*n.*	throat	1
瘙痒	sàoyǎng	*adj.*	pruritic	8
伤口	shāngkǒu	*n.*	wound	5
上述	shàngshù	*adj.*	above-mentioned	7
上肢	shàngzhī	*n.*	upper limb	5
少食多餐	shǎoshí duōcān		to have more meals a day but less food at each	6
摄入	shèrù	*v.*	to ingest	4
摄入量	shèrùliàng	*n.*	intake	4
申请	shēnqǐng	*v.*	to apply (for)	1
申请单	shēnqǐngdān	*n.*	application form	1
身高	shēngāo	*n.*	height	8
深层	shēncéng	*n.*	deep layer	9
甚至	shènzhì	*conj.*	so far as to	7
渗出	shènchū	*v.*	to exude	6
升	shēng	*v.*	to promote	10
生冷	shēnglěng	*n.*	raw or cold (food)	3
生理	shēnglǐ	*n.*	physiology	9
生长	shēngzhǎng	*v.*	to grow	8
声	shēng	*m.*	a measure word used to indicate sound	5
绳子	shéngzi	*n.*	rope, cord	5
失调	shītiáo	*v.*	to disorder, to lose balance	8
湿	shī	*adj.*	wet, moist	2
湿啰音	shīluóyīn	*n.*	moist rale	2

词语	拼音	词性	英译	课号
十二指肠	shí'èrzhǐcháng	*n.*	duodenum	3
石膏	shígāo	*n.*	plaster	5
食管	shíguǎn	*n.*	esophagus	3
食物	shíwù	*n.*	food	3
使劲	shǐjìn	*v.*	to exert one's strength	5
似的	shìde	*part.*	as, like	7
事故	shìgù	*n.*	accident	5
视力	shìlì	*n.*	sight	10
适当	shìdàng	*adj.*	proper	2
收缩	shōusuō	*v.*	to shrink	7
手术	shǒushù	*n.*	operation, surgery	5
手续	shǒuxù	*n.*	procedure	6
手指	shǒuzhǐ	*n.*	finger	2
受伤	shòushāng	*v.*	to be injured	5
瘦	shòu	*adj.*	thin	4
瘦肉	shòu ròu		lean meat	8
输液	shūyè	*v.*	to infuse	4
蔬菜	shūcài	*n.*	vegetable	4
属于	shǔyú	*v.*	to belong to	9
薯条	shǔtiáo	*n.*	chips	7
刷牙	shuā yá		to brush one's teeth	9
摔倒	shuāidǎo		to fall, to tumble	5
睡眠	shuìmián	*n.*	sleep	10
四肢	sìzhī	*n.*	limbs	5
宿舍	sùshè	*n.*	dormitory	1

词语	拼音	词性	英译	课号
酸	suān	*adj.*	sour	9
随身	suíshēn	*adj.*	carry-on	4
损伤	sǔnshāng	*v.*	to damage, to injure	5
锁骨	suǒgǔ	*n.*	clavicle	5

T

词语	拼音	词性	英译	课号
太极拳	tàijíquán	*n.*	*taijiquan*	4
泰国	Tàiguó	*PN*	Thailand	1
痰	tán	*n.*	sputum	1
碳水化合物	tànshuǐ-huàhéwù	*n.*	carbohydrate	4
糖耐量试验	tángnàiliàng shìyàn		glucose tolerance test	4
糖尿病	tángniàobìng	*n.*	diabetes	4
躺	tǎng	*v.*	to lie	7
疼痛	téngtòng	*adj.*	painful	3
体格	tǐgé	*n.*	physique	6
体检	tǐjiǎn	*v.*	to have a physical exam	7
体外震波碎石	tǐwài zhènbō suìshí		extracorporeal shock-wave lithotripsy	7
体质	tǐzhì	*n.*	physique	7
体重	tǐzhòng	*n.*	weight	3
甜甜圈	tiántiánquān	*n.*	doughnut	7
挑食	tiāoshí	*v.*	to be picky about food	10
调理	tiáolǐ	*v.*	to nurse one's health	8
调整	tiáozhěng	*v.*	to adjust	1
跳跃	tiàoyuè	*v.*	to jump	5

词语	拼音	词性	英译	课号
听诊	tīngzhěn	*v.*	to auscultate	2
痛经	tòngjīng	*n./v.*	dysmenorrhea; to painfully menstruate	8
头位	tóuwèi	*n.*	head posture	10
透气性	tòuqìxìng	*n.*	breathability	8
吐	tǔ	*v.*	to spit	2
推迟	tuīchí	*v.*	to postpone, to delay	8

W

歪	wāi	*adj.*	askew	10
外出	wàichū	*v.*	to go out	4
外阴	wàiyīn	*n.*	vulva	8
弯曲	wānqū	*adj.*	bent	7
微创	wēichuāng	*n.*	minimal invasion	6
位置	wèizhì	*n.*	position	9
畏光	wèiguāng	*v.*	to feel photophobic	10
胃镜	wèijìng	*n.*	gastroscope	3
胃空肠吻合口溃疡	wèikōngcháng wěnhékǒu kuìyáng		gastrojejunostomy ulcer	3
胃酸	wèisuān	*n.*	gastric acid	3
稳	wěn	*adj.*	steady, stable	5
稳定	wěndìng	*adj.*	stable, steady	4
无法	wúfǎ	*v.*	to have no way to	4
物体	wùtǐ	*n.*	object	5
物质	wùzhì	*n.*	substance	9

词语	拼音	词性	英译	课号
		X		
稀	xī	*adj.*	watery, thin	3
系统	xìtǒng	*n.*	system	7
细胞	xìbāo	*n.*	cell	3
细菌	xìjūn	*n.*	germ, bacterium	9
下降	xiàjiàng	*v.*	to fall, to descend	4
下肢	xiàzhī	*n.*	lower limb	5
鲜花	xiānhuā	*n.*	fresh flower	1
咸	xián	*adj.*	salty	9
显示	xiǎnshì	*v.*	to show	2
显微镜	xiǎnwēijìng	*n.*	microscope	8
相关	xiāngguān	*v.*	to interrelate, to relate	6
项	xiàng	*m.*	a measure word for items	8
象征	xiàngzhēng	*n.*	symbol	9
消毒	xiāodú	*v.*	to disinfect, to sterilize	6
消化	xiāohuà	*v.*	to digest	7
消化道	xiāohuàdào	*n.*	digestive tract	3
消化器官	xiāohuà qìguān		digestive organ	7
消化性溃疡	xiāohuàxìng kuìyáng		peptic ulcer	3
消失	xiāoshī	*v.*	to disappear	2
消炎	xiāoyán	*v.*	to diminish inflammation	1
小便	xiǎobiàn	*n./v.*	urine; to urinate	4
哮喘	xiàochuǎn	*n./v.*	asthma; to be short of breath	1
斜视	xiéshì	*n./v.*	strabismus; to look awry	10

词语	拼音	词性	英译	课号
携带	xiédài	*v.*	to carry, to bring	4
心慌	xīnhuāng	*v.*	to be palpitated	4
心理	xīnlǐ	*n.*	psychology	9
辛辣	xīnlà	*adj.*	pungent, hot	3
新鲜	xīnxiān	*adj.*	fresh	3
行走	xíngzǒu	*v.*	to walk	5
形成	xíngchéng	*v.*	to form	6
型	xíng	*n.*	model, type	4
醒	xǐng	*v.*	to wake up	4
性激素	xìngjīsù	*n.*	sex hormone	8
性激素六项	xìngjīsù liù xiàng		six items of sex hormones	8
性生活	xìngshēnghuó	*n.*	sex life	8
性行为	xìngxíngwéi	*n.*	sexual behavior	8
胸部	xiōngbù	*n.*	chest	2
胸闷	xiōngmèn	*adj.*	chest distressed	1
修补	xiūbǔ	*v.*	to repair	9
选择	xuǎnzé	*v.*	to select, to choose	4
血淀粉酶	xuèdiànfěnméi	*n.*	serum amylase	6
血糖	xuètáng	*n.*	blood glucose	4
血象	xuèxiàng	*n.*	hemogram	1
血液（血）	xuèyè	*n.*	blood	1
血液常规检查（血常规）	xuèyè chángguī jiǎnchá		blood routine examination	1
循环	xúnhuán	*v.*	to circulate	5

词语	拼音	词性	英译	课号
Y				
压迫	yāpò	*v.*	to press	5
压痛	yātòng	*n.*	pressure pain, tenderness	6
牙本质	yáběnzhì	*n.*	dentin	9
牙齿（牙）	yáchǐ	*n.*	tooth	9
牙冠	yáguān	*n.*	dental crown	9
牙体	yátǐ	*n*	tooth	9
牙周炎	yázhōuyán	*n.*	periodontitis	9
严重	yánzhòng	*adj.*	serious	1
炎症	yánzhèng	*n.*	inflammation	2
眼部 A 超	yǎnbù A chāo		ophthalmological A-scan ultrasonography	10
眼镜	yǎnjìng	*n.*	glasses	10
眼胀	yǎnzhàng	*n.*	swollen eye	10
厌食	yànshí	*v.*	to be off one's feed	3
验光	yànguāng	*v.*	to have optometry	10
验血	yànxiě	*v.*	to have a blood test	1
养成	yǎngchéng	*v.*	to cultivate	10
痒	yǎng	*adj.*	itchy	10
腰	yāo	*n.*	waist	7
咬合	yǎohé	*v.*	to occlude	9
咬合面	yǎohémiàn	*n.*	occlusal surface	9
药房	yàofáng	*n.*	pharmacy	1
药物	yàowù	*n.*	medicine	7
夜间	yèjiān	*n.*	night	3

词语	拼音	词性	英译	课号
胰岛	yídǎo	*n.*	pancreas islet	4
胰岛功能	yídǎo gōngnéng		islet function	4
胰岛素	yídǎosù	*n.*	insulin	4
胰岛素释放试验	yídǎosù shìfàng shìyàn		insulin releasing test	4
移动	yídòng	*v.*	to move	5
遗传	yíchuán	*v.*	to inherit	10
遗留	yíliú	*v.*	to leave over	9
以免	yǐmiǎn	*conj.*	lest	4
异常	yìcháng	*adj.*	abnormal	4
抑制	yìzhì	*v.*	to restrain	3
疫苗	yìmiáo	*n.*	vaccine	2
益生菌	yìshēngjūn	*n.*	probiotic	3
意识	yìshí	*n.*	awareness	8
因人而异	yīnrén'éryì		to vary with each individual	9
因素	yīnsù	*n.*	element, factor	7
阴道	yīndào	*n.*	vagina	8
引发	yǐnfā	*v.*	to cause	7
引起	yǐnqǐ	*v.*	to cause	1
饮	yǐn		to drink	4
饮食	yǐnshí	*n.*	diet	2
隐痛	yǐntòng	*n.*	dull pain	7
隐隐	yǐnyǐn	*adj.*	faint	3
营养	yíngyǎng	*n.*	nutrition	2
影像	yǐngxiàng	*n.*	image	5

词语	拼音	词性	英译	课号
影像图	yǐngxiàngtú	*n.*	striograph	5
硬	yìng	*adj.*	hard, stiff	5
拥有	yōngyǒu	*v.*	to have, to possess	10
用力	yònglì	*v.*	to put forth one's strength	5
幽门螺杆菌	yōuménluógǎnjūn	*n.*	Helicobacter pylori	3
油腻	yóunì	*adj.*	greasy, oily	7
游泳池	yóuyǒngchí	*n.*	swimming pool	8
有关	yǒuguān	*v.*	to relate to	4
有害	yǒu hài		pernicious, harmful	9
右侧	yòucè	*n.*	right side	9
诱发	yòufā	*v.*	to bring out, to induce	1
与	yǔ	*prep.*	with	4
育龄	yùlíng	*n.*	childbearing age	8
浴池	yùchí	*n.*	public bath	8
浴盆	yùpén	*n.*	bathtub	8
预防	yùfáng	*v.*	to prevent	2
愈合	yùhé	*v.*	to heal	6
远离	yuǎnlí	*v.*	to keep away from	2
月经	yuèjīng	*n.*	menstruation	8
阅读	yuèdú	*v.*	to read	10
晕倒	yūndǎo		to faint	4

Z

暂时	zànshí	*adj.*	temporary	2
早出晚归	zǎochū-wǎnguī		to go out early and come back late	3

词语	拼音	词性	英译	课号
早期	zǎoqī	*n.*	early stage	6
早睡早起	zǎoshuì zǎoqǐ		early to bed, early to rise	8
造成	zàochéng	*v.*	to cause	5
增多	zēngduō	*v.*	to increase	2
炸鸡	zhájī	*n.*	fried chicken	7
粘连	zhānlián	*v.*	to adhere	6
张力	zhānglì	*n.*	stretching force	6
诊断	zhěnduàn	*v.*	to diagnose	2
诊治	zhěnzhì	*v.*	to diagnose and treat	10
阵	zhèn	*m.*	a period of time	9
症状	zhèngzhuàng	*n.*	symptom	1
之一	zhīyī	*n.*	one of	5
支气管	zhīqìguǎn	*n.*	bronchus	1
支气管扩张	zhīqìguǎn kuòzhāng	*n.*	bronchiectasis	2
支气管哮喘	zhīqìguǎn xiàochuǎn	*n.*	bronchial asthma	1
肢体	zhītǐ	*n.*	limbs and trunk	5
脂肪	zhīfáng	*n.*	fat, axunge	4
直径	zhíjìng	*n.*	diameter	7
职员	zhíyuán	*n.*	employee, clerk	2
止咳	zhǐ ké		to relieve a cough	1
止血	zhǐxuè	*v.*	to stanch, to stop bleeding	5
指数	zhǐshù	*n.*	index	4
至	zhì	*v.*	to get to	10
治疗	zhìliáo	*v.*	to cure, to treat	1

词语	拼音	词性	英译	课号
治愈	zhìyù		to cure	1
智齿	zhìchǐ	*n.*	wisdom tooth	9
智慧	zhìhuì	*n.*	wisdom	9
中龋	zhōngqǔ	*n.*	intermediate caries	9
中性粒细胞	zhōngxìng lìxìbāo	*n.*	neutrophil	6
肿	zhǒng	*v.*	to swell	5
肿大	zhǒngdà	*adj.*	swollen	7
肿胀	zhǒngzhàng	*v.*	to swell	6
周期	zhōuqī	*n.*	period, cycle	8
逐渐	zhújiàn	*adv.*	gradually	6
主治医生	zhǔzhì yīshēng		attending doctor	2
注视	zhùshì	*v.*	to gaze at	10
蛀牙	zhùyá	*n.*	dental caries	9
转移	zhuǎnyí	*v.*	to metastasize	6
姿势	zīshì	*n.*	posture	10
子宫	zǐgōng	*n.*	uterus	8
阻塞	zǔsè	*v.*	to choke, to block	7
组成	zǔchéng	*v.*	to compose	5
组织	zǔzhī	*n.*	tissue	2
嘴巴	zuǐba	*n.*	mouth	1
作息	zuòxī	*v.*	to work and rest	7
坐便器	zuòbiànqì	*n.*	closestool, toilet	8